JN313756

手紙・メールの
ポルトガル語

野中モニカ 著

すぐに使える
＋
気持ちが伝わる

Português

SANSHUSHA

はじめに

　ポルトガル語のライティングを初めて学ぶ方に向けて本書を執筆しました。ポルトガル語圏の人とやりとりするためには、従来の手紙という手段だけではなく、インターネット時代である昨今、メールを通じたやりとりもとても簡単になっています。読者の皆さんは、遠いブラジルのみならず在日ブラジル人相手に手紙やメールを交わすこともあるでしょう。ブラジル人は親愛の情がとても強いことで知られています。ちょっとしたことでも、グリーティングカードを送りあったり、携帯メールに一言メッセージを残したりします。そのようなやり取りを積極的に行うために、ポルトガル語のライティングはとても重要です。また、カード、メールや手紙など人に出すものだけでなく、自分だけのスケジュール作成や日記にもライティングは活躍します。

　本書は日本語のアイディアをいかにポルトガル語で表現するかに焦点を絞っています。日本語を母語とする方は日本語でアイディアを持っています。そして、ポルトガル語で書くというのはそのアイディアをポルトガル語に置き換えるということです。その際には、ポルトガル語の発想で表現する必要があります。そうでないと、文法的に正しくても伝えたいこととは異なったポルトガル語文になってしまいます。

　まず第1部でポルトガル語ライティングのルールを紹介し、第2部ではジャンル別にグリーティングカード、はがき、携帯メール、Eメールや手紙、日記などに使用する文例を中心に見ていきます。そのまま使える決まり文句やフレーズも豊富に紹介し、応用できるようになっていますので、初めてポルトガル語ライティングに触れる皆さんに使いやすいよう構成されています。随所に挿入したNOTA（メモ）には、注意事項等が記載されています。

　ライティングは書き手個人の個性がとてもよく現れるものです。例文のポルトガル語はなるべく中立な立場で執筆しましたが、それでも著者個人のスタイルや好みが反映されています。日本語訳は参考として留めておき、原文を読み、状況を理解したうえで引用や応用をしてください。

　なお、本書の執筆にあたっては、大阪大学の林田雅至先生に全体を見ていただき貴重な意見をいただきました。この場を借りてお礼申し上げます。

野中モニカ

もくじ

第I部 ポルトガル語ライティングのルール

1 ポルトガル語の表記と句読法

- ① 大文字表記のルール …………………………………… 8
- ② 単語の区切り方 …………………………………………… 10
- ③ 数字の書き方のルール ………………………………… 13
- ④ 句読法 ……………………………………………………… 18
- ⑤ ブラジル人の手書き文字 (筆記体) に慣れる ……… 29
- ⑥ ポルトガル語正書法の改正 …………………………… 31

2 ポルトガル語文の基本的な組み立て方

- ① 主語がある文のパターン ……………………………… 37
- ② 主語がない文のパターン ……………………………… 54
- ③ 引用文や伝達する文のパターン ……………………… 57
- ④ つなぎ・書き出しの表現 ……………………………… 60

第II部 ジャンル別ポルトガル語ライティング

1 グリーティングカード

- ① グリーティングカードの書き方 ……………………… 66
- ② 季節のカード …………………………………………… 67
- ③ 日常のカード …………………………………………… 81
- ④ インターネットでグリーティングカード …………… 90

2　はがき

1. 送り方のポイント …………………………………… 92
2. はがきの書き方 ……………………………………… 93
3. ポルトガル語で日本を紹介 ………………………… 96

3　手紙・メールの要素

1. 手紙の基本 …………………………………………… 116
2. メールの基本 ………………………………………… 125

4　携帯メールの文例

1. 「遊びに行きませんか？」 …………………………… 133
2. 「交通機関」 …………………………………………… 137
3. 「待ち合わせ時間に遅れます」 ……………………… 139
4. 「ラブレター」 ………………………………………… 144
5. 「聞きましたよ！」 …………………………………… 146
6. 「寝坊しました」 ……………………………………… 148
7. 「家の掃除」 …………………………………………… 153
8. 「手料理」 ……………………………………………… 156
9. 「仕事はどうですか？」 ……………………………… 160
10. 「両親が会いたいと言っています」 ………………… 164
11. 「映画の感想」 ………………………………………… 166
12. 「けんかの後」 ………………………………………… 170
13. 「メールください」 …………………………………… 171
14. 「別れましょう」 ……………………………………… 173

5　手紙・Eメールの文例

1. 招待状 ………………………………………………… 175
2. お礼 …………………………………………………… 184
3. 別れのあいさつ ……………………………………… 189

- ④ 引っ越しの連絡 …………………………………… 191
- ⑤ お悔やみ ……………………………………………… 196
- ⑥ お見舞い ……………………………………………… 198
- ⑦ ファンレター ………………………………………… 201
- ⑧ 掲示板などへのメッセージ ………………………… 205
- ⑨ 商品の注文 …………………………………………… 211
- ⑩ クレーム ……………………………………………… 213
- ⑪ 支払い督促 …………………………………………… 216
- ⑫ 支払い督促への返事 ………………………………… 217
- ⑬ 謝罪 …………………………………………………… 218
- ⑭ 推薦状 ………………………………………………… 220
- ⑮ 求人応募・履歴書 …………………………………… 221

6　FAX

- ① 送信状 ………………………………………………… 224
- ② 通信文書 ……………………………………………… 225
- ③ ホテルの予約 ………………………………………… 225

7　スケジュールと日記

- ① スケジュールをつける ……………………………… 232
- ② 日記をつける ………………………………………… 244

第III部　付録

1　ことわざ ………………………………………………… 288
2　イディオム ……………………………………………… 293
3　間違いやすい項目 ……………………………………… 300

参考文献 ……………………………………………………… 309

第Ⅰ部
ポルトガル語ライティングのルール

1 ポルトガル語の表記と句読法

　ポルトガル語の文章を書く上で、重要な表記法や記号とその主な用法を簡単に紹介します。書き手によって、細かな差異はありますが、一般的な使い方は確立されています。それらを使いこなすと、より多くのことをわかりやすく相手に伝えることができます。

① 大文字表記のルール

ポルトガル語では、以下の場合の文字は大文字で書きます。

❶ 文の最初の文字

Muito obrigado pela resposta.
お返事ありがとうございます。

❷ 文中の引用文の最初の文字

Meu marido disse para mim: "**V**amos ao Brasil no ano que vem!"
夫が私に「来年ブラジルに行こう！」と言ってくれました。

Segundo meu filho, "**A**s passagens para o Brasil na época do carnaval já estão esgotadas."
息子によれば、「カーニバル時期のブラジル行のチケットはもうない」そうです。

❸ ピリオド (.)、疑問符 (?)、感嘆符 (!)、中断符 (...) の直後の文字

Oi, Maria. **T**udo bem?　やあ、マリア。元気？

Você vai à festa? **S**e for, me ligue.
パーティーに行きますか？　行くなら電話してください。

Apoiado! **R**espondi imediatamente.
賛成！　と私はすぐに答えました。

Eu suspirei ... **E** disse: "Quero o divórcio."
私はため息をつき…「離婚したい」と言いました。

NOTA

中断符（...）の直後は小文字で続けることも容認されています。

Eu suspirei ... **E** concluí: "Quero o divórcio."
▶ Eu suspirei ... e concluí: "Quero o divórcio."

❹ 地名・人名他、固有名詞の最初の文字

Viajei para a **F**rança e a **I**tália nas férias de verão.
夏休みにフランスとイタリアに旅行しました。

A **M**arta se formou na **U**niversidade de **K**yoto e entrou na empresa **A**bc.　マルタは京都大学を卒業して、Abc社に入社しました。

NOTA

固有名詞などにハイフンが使われている場合、両方とも大文字表記になります。

Grã-**B**retanha　イギリス
Vice-**P**residente　副社長、副大統領
Acordo **L**uso-**B**rasileiro　ポルトガル・ブラジル間協定

ポルトガル語の名前の場合、小文字から始まる部分が含まれるものもあります。その場合は、その通りに記してください。

Presidente **L**uís **I**nácio **L**ula **da** **S**ilva
ルイス・イナーシオ・ルラ・ダ・シウヴァ大統領
Querida **M**aria **da** **G**raça,　親愛なるマリア・ダ・グラッサ様、

❺ 本や映画のタイトルなどは、固有名詞以外は最初の単語の頭文字のみ大文字

Depois de assistir ao filme "**B**lindness", li o livro "**E**nsaio sobre a cegueira" em japonês.
映画「ブラインドネス」を観てから、「白の闇」を日本語で読みました。

NOTA

タイトル内の冠詞・接続詞・前置詞以外の単語をすべて大文字で始める書き方も容認されています。

"**E**nsaio sobre a cegueira" ▶ "**E**nsaio sobre a **C**egueira"

パソコンのWordなどで書く際は、タイトルを引用符なしでイタリック体にすることもあります。

Depois de assistir ao filme *Blindness,* li o livro *Ensaio sobre a cegueira* em japonês.

❻ 肩書や敬称の最初の文字

Senhor Pedro e **S**enhora Maria,　　ペドロ様とマリア様、

Lula é o nosso **P**residente da República.　　ルーラは我が共和国大統領だ。

NOTA

一般的な職業などの場合は大文字にしません。

Quem foi o primeiro presidente do Brasil?
ブラジルの最初の大統領は誰でしたか?

❷ 単語の区切り方

　改行の際はなるべく一つの単語を区切らないように、スペースを考えながら書いていくのが望ましいのですが、当然やむを得ない場合もあります。パソコンでは自動的に配分をしてくれる機能もありますが、手書きの場合はそうもいきませんね。その時は、単語を必ず音節で区切り、行の最後にハイフンを残します。音節の区切り方もルールがありますので、以下に簡単に紹介します。

1　ポルトガル語の表記と句読法

❶ 音節の数え方

「母音を1つ（以上）含む音の単位」を1音節と数えます。

❷ 音節分けの規則

a) 母音と母音の間に子音が1つある場合、その子音は後ろの母音に付きます。

casa（家）: ca-sa　amigo（友人）: a-mi-go　telefone（電話）: te-le-fo-ne

NOTA

次の2重子音は1つの子音として扱われます。

ch, lh, nh, gu, qu, 子音 + r, 子音 + l

achar（見つける、思う）: a-char
olhar（見る）: o-lhar
minha（私の）: mi-nha
tenho（持つ・直説法現在1人称）: te-nho
água（水）: á-gua
aqui（ここ）: a-qui
apresentar（紹介する）: a-pre-sen-tar
reclamar（文句を言う）: re-cla-mar

b) 母音と母音の間に子音が2つある場合、前と後ろの母音にそれぞれ付きます。

computador（コンピュータ）: com-pu-ta-dor

carta（手紙）: car-ta

mensagem（メッセージ）: men-sa-gem

NOTA

次の2重子音は2音節に分かれます。

rr　ss　sc　sç　xc

carro（車）: car-ro
impossível:（不可能）im-pos-sí-vel
descer（降りる）: des-cer
desço（「降りる」の直説法現在1人称）: des-ço
excesso（過剰）: ex-ces-so

c) 母音と母音の間に子音が3つある場合、前の2つが前の、最後の1つが後ろの母音に付きます。

  perspectiva（展望）: pe**rs**-**p**ec-ti-va
  transparente（透明）: tra**ns**-**p**a-ren-te

d) 重母音（2重母音、3重母音）は1つの音節にまとめられます。

  muito（多い、とても）: m**ui**-to
  pouco（わずか）: p**ou**-co
  Paraguai（パラグアイ）: Pa-ra-g**uai**
  Uruguai（ウルグアイ）: U-ru-g**uai**

NOTA

別々の音節に属する母音連続 (hiato) は2音節に分かれます。

  doente（病人）: d**o**-**e**n-te voar（飛ぶ）: v**o**-**a**r pessoa（人）: pes-s**o**-**a**

❸ 行の終わりにかかる単語の区切り方

語頭にある一文字の音節は、その一文字だけを行の最後に残さず、必ず次の行に持っていきます。

… eu não a-
cho que …

➡

… eu não
acho que …

また、語末の一文字の音節も、その文字だけを次の行の最初に持ってきてはいけません。

… eu quero visitar o Ri-
o de Janeiro …

➡

… eu quero visitar o
Rio de Janeiro …

1 ポルトガル語の表記と句読法

NOTA 1

2行にまたがる単語を区切るために使われる記号はハイフンですが、手書きの場合、アンダーバーのように、単語の下の部分に書く人もいますので、判読の際、気をつける必要があります。

NOTA 2

ハイフンを使用する単語が、ハイフンの部分で2行にまたがる場合、行の最後と次の行にハイフンを入れます。

> Você soube que o Paulo se tornou vice-
> -presidente da empresa Bcd?
> パウロがBcd社の副社長になったことを知っていますか？

③ 数字の書き方のルール

文中での数の書き方にはいくつか約束事がありますので、以下に簡単に紹介します。

▶ 数字の表記

アラビア数字表記	ローマ数字表記	アルファベット表記	アラビア数字表記	ローマ数字表記	アルファベット表記
0	なし	zero	6	VI	seis
1	I	um / uma	7	VII	sete
2	II	dois / duas	8	VIII	oito
3	III	três	9	IX	nove
4	IV	quatro	10	X	dez
5	V	cinco	100	C	cem

❶ 0～10までの数字と、1つの単語で書き表される数字は、文章の中ではアラビア数字ではなく通常、アルファベットで表記します。ですが、最近ではわかりやすさの観点からアラビア数字を使用することも容認されています。

◎ Eu quero **cinco** pães de queijo e **dez** pães de batata.
○ Eu quero **5** pães de queijo e **10** pães de batata.
　チーズパン5個とポテトパンを10個ください。

NOTA

数字の「1 (um / uma)」と「2 (dois/duas)」は、名詞の性と一致させます。

Eu tenho um amigo brasileiro e duas amigas portuguesas.
ブラジル人の男友達1人とポルトガル人の女友達が2人います。

以下の数字の場合も、読み方は名詞の性と一致させます。

200: duzentos anos（200年）/ **duzentas pessoas**（200人）
300: trezentos pés（300本）/ **trezentas vezes**（300回）
400: quatrocentos metros（400メートル）/ **quatrocentas horas**（400時間）
500: quinhentos quilogramas（500キログラム）/ **quinhentas máquinas**（機械500台）
600: seiscentos dólares（600ドル）/ **seiscentas páginas**（600ページ）
700: setecentos euros（700ユーロ）/ **setecentas folhas**（700枚）
800: oitocentos ienes（800円）/ **oitocentas vagas**（800の空席）
900: novecentos reais（900レアル）/ **novecentas poltronas**（900席）

❷ 日、年齢、住所で使用される数、ゲームのスコア、票のカウント、電話番号など、数字そのものが重要である場合、アラビア数字で表記します。ここでは、かっこ内に数字の読みも併記しておきます。

Meu aniversário é **6** (seis) de maio.
私の誕生日は5月6日です。

Eu tenho **20** (vinte) anos.
私は20歳です。

1 ポルトガル語の表記と句読法

Endereço do Consulado Geral do Japão em São Paulo: Avenida Paulista **854** (oitocentos e cinquenta e quatro), **3º** (terceiro) andar
サンパウロ日本総領事館の住所：パウリスタ大通り854番3階

A Coreia venceu o Japão por **4 × 1** (quatro a um) nos jogos da WBC.
WBCの試合で韓国は4対1で日本を下しました。

O projeto foi aprovado por **100** (cem) votos a favor e **20** (vinte) contra.
プロジェクトは賛成100票対反対20票で可決されました。

O vencedor é o número **8** (oito).
優勝者は8番です。

Para chamar a polícia, disque **110** (cento e dez).
警察を呼ぶには、110番へかけてください。

❸ 王、教皇、世紀はローマ数字で表記されます。

Dom Pedro **I**　ペドロ1世
Papa Benedito **XVI**　教皇ベネディクト16世
Século **XXI**　21世紀（最近ではSéculo 21など、アラビア数字での表記も容認されつつあります）

NOTA

固有名詞にローマ数字が使用されている場合は、その通りに記してください。

Clube **XV** de Agosto　アゴスト第15クラブ

❹ コンマ「,」は小数点を表し、ピリオド「.」は千以上の数を3桁ごとに区切る時に使います。

ポルトガル語では数字の書き方が日本語や英語と異なりますので、注意が必要です。意図していたのとはまったく異なる単位を書いたりしてしまうと、日常のやり取りでもそうですが、ビジネスでは大打撃です。

Juros: 6,6% (seis vírgula seis por cento) por mês　利息：月6.6%
Cotação do dólar: 2,20 reais (dois vírgula vinte reais / dois reais e

vinte centavos)　ドル相場：2.20レアル

Valor: 3.000 (três mil) ienes　金額：3,000円

Vivem no Japão 312.582 (trezentos e doze mil, quinhentos e oitenta e dois) brasileiros.
日本には312,582人のブラジル人が暮らしています。

NOTA

例外として、年号を表す時は、ピリオドを使いません。

10 (dez) de novembro de 2009 (dois mil e nove).　2009年11月10日
Fui ao Brasil em **1987 (mil novecentos e oitenta e sete).**
1987年にブラジルに行きました。

❺ 端数がない場合、読みやすさのために千の位 (000) を表記する代わりに mil、百万の位 (000.000) の代わりに milhão (1) / milhões (2以上)、十億の位 (000.000.000) の代わりに bilhão (1) / bilhões (2以上) を使用することがよくあります。mil の後は、修飾する名詞が続きますが milhão, bilhão は必ず後に de が続きます。

No Japão as despesas de funeral custam **2 (dois) milhões de** ienes em média.　日本では、葬儀費用が平均200万円かかります。

A população do Japão é de aproximadamente **127 (cento e vinte e sete) milhões de** pessoas e mais de **36 (trinta e seis) mil** pessoas têm mais de 100 (cem) anos de idade.
日本の人口は約1億2千700万で、3万6千人以上の人が100歳を超えています。

Ouvi no noticiário que a Petrobrás vai investir **100 (cem) bilhões de** ienes em base de petróleo no Japão.
ペトロブラス（ブラジル国営石油会社）は日本の石油基地建設に1千億円を投資する、とニュースで聞きました。

❻ 分数を使用する表現は、読み方を書きます。

Para você, o copo está **meio** cheio ou **meio** vazio?
あなたにとって、コップにはまだ水が半分ありますか？　それとも、もう半分しかあ

りませんか？

Um terço da população mundial assistiu à cerimônia de abertura dos Jogos Olímpicos de Beijing.
世界の人口の3分の1が北京オリンピックの開会式を観ました。

❼ cerca de ...（約〜）という表現には、四捨五入した数字しか使用できません。

　× Cerca de 36 (trinta e seis) pessoas　約36人
　○ Cerca de 40 (quarenta) pessoas　約40人

❽ 正確を期すために、特別に配慮が必要な文書では、金額、数量、パーセンテージなどはアラビア数字だけでなく、丸かっこ内に読み方も併記します。

A licitação foi ganha pela referida companhia com o valor de R$ 1.500.120.000,00 (um bilhão, quinhentos milhões, cento e vinte mil reais)
当該会社の入札金額R$1,500,120,000.00（15億12万レアル）で落札されました。

Esta licitação refere-se à compra de 57 (cinquenta e sete) computadores e 32 (trinta e duas) impressoras.
これは57台のパソコンと32台のプリンター納入にかかる入札です。

É instituída a Gratificação de Qualificação (GQ) em percentual de 10% (dez por cento), 20% (vinte por cento) ou 30% (trinta por cento), por regulamento.
規定により、10％、20％、30％の割合で資格手当の支給が定められています。

NOTA 1

ブラジルの通貨単位real（レアル）の略称は **R$** ですが、スーパーなどの商品の値札には単に＄と表記されていることもあります。ドルのことではありません。

NOTA 2

通常の文中では、「％」は記号ではなく全書します。

　Foram capturadas 680 (seicentas e oitenta) baleias, ou seja, 75 (setenta e cinco) **por cento** do número planejado.　680頭のクジラが捕獲されました。つまり、計画の75％です。

アラビア数字と記号、アラビア数字とアルファベット表記の記号、という組み合わせはどちらもＯＫですが、数字のアルファベット表記とパーセンテージの記号という組み合わせは使えません。
また、数字と記号の間にはスペースは入れません。

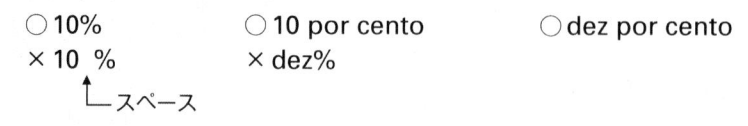

○ 10%　　　　　　　○ 10 por cento　　　　　○ dez por cento
× 10 %　　　　　　　× dez%
　↑
　└スペース

4 句読法

ここでは、ポルトガル語文を書くときに参照しやすいように、ポルトガル語の句読法をできるだけシンプルにまとめました。

❶ ピリオド *(ponto final)*

● 平叙文（疑問文や感嘆文以外）の文の終わりを示すために使用されます。

> Eu sou japonesa. Estudo português na faculdade.
> 私は日本人です。大学でポルトガル語を学んでいます。

> Enviarei os documentos pelo correio expresso.
> 速達で書類をお送りします。

● 間接疑問文の終わりに使用されます（直：直接疑問文　間：間接疑問文）。

直▶Ela quer saber: — Quem conseguiu o emprego que eu tanto almejava?

間▶Ela quer saber quem conseguiu o emprego que ela tanto almejava.
　彼女は誰が自分の切望していた職についたのかを知りたがっています。

直▶Eu perguntei ao João: — Você gosta de mim?

間▶Eu perguntei ao João se ele gostava de mim.
　私はジョアンに私が好きかどうかを聞きました。

● 言葉の省略 (abreviatura) に使用されます。
　　Sr. (Senhor) e Sra. (Senhora) Inoue　井上様ご夫妻
　　etc. (et cetera)　その他、エトセトラ

NOTA 1

「その他」を意味する表現には etc. のほかに、e outros, entre outros, por exemplo, e o restante, e outras coisas mais 等があります。

NOTA 2

文末に省略された言葉が来る場合、ピリオドは1つしか使いません。

　　Eu comprei na feira tomate, alface, aspargo, etc.
　　市場でトマト、レタス、アスパラガス等を買いました。

NOTA 3

名称の略語（sigla-頭文字等を組み合わせた略語）にはピリオドを入れません。また、略語は文脈から意味が明らかな時にしか使えませんので、相手が略語を知らないと思われる時や新しい略語を使う時は、初めて略語を使う時に説明しておきましょう（その場合は、丸かっこでくくります）。

　　Sou presidente da APM (Associação de Pais e Mestres).
　　私はPTA（父母と先生の会）会長です。
　　Estudei na Universidade de São Paulo (USP).
　　私はサンパウロ大学（USP）で学びました。
　　　　＊USPはアルファベット読みの「ウ・エッスィ・ペ」ではなく、「ウスピ」と発音します。

略語は、構成文字のアルファベット読みではない発音になることもよくありますので、ここではいくつか例を紹介します。

　　CEP (Código de Endereçamento Postal)：郵便番号　＊発音は「セピ」
　　MEC (Ministério da Educação)：教育省　＊発音は「メキ」
　　IBOPE (Instituto Brasileiro de Opinião Pública e Estatística)：ブラジル世論調査・統計機関　＊発音は「イボピ」

● リストの連番に使用されます。

  I. Introdução　　　I. 序章
  II. Agradecimentos　II. 謝辞
  III. Sumário　　　　III. 目次

NOTA 1

ポルトガル語におけるスタンダードな連番の方式は次の通りです。

 ① 大項目：ローマ数字
  I. II. III. IV. V. VI. VII. など
 ② 中項目：アラビア数字
  1. 2. 3. 4. 5. 6. 7. など
 ③ 小項目：1.1.、1.2.
  1.1.1、1.1.2. など（場合によっては、それ以下も使用することがあります）
 ④ それ以上必要な場合：a) b) c) d) など
  （小文字のアルファベットにはピリオドを使いません）

NOTA 2

題目や項目（短い箇条書き）にはピリオドを省略します。

 Ingredientes　　　　材料
 - cebola　　　　　　たまねぎ
 - cenoura　　　　　にんじん
 - batata　　　　　　じゃがいも
 - carne　　　　　　 肉
 - tablete de curry　 カレールー

● 独立した文を丸かっこに入れる時は、ピリオドは丸かっこ内に入ります。

 Mari me disse que viria para a festa. (Eu não sei a que horas ela vem.)
  マリはパーティーに来ると言っていました。（何時に来るのかはわかりません。）

● 丸かっこの中の文が前文の一部になっている時には、ピリオドは丸かっこの外におきます。

Meu marido saiu cedo hoje (para uma viagem de negócios).
主人は今朝早く出かけました（出張のためにです）。

● 引用文の場合、ピリオドは引用符の中に入れます。

Ele me telefonou ontem e me disse: "Eu quero sair com você."
昨日彼から電話があって、「あなたとデートしたい」と言われました。

❷ コンマ (*vírgula*)

文の意味を明確にするためにとても大切です。日本語の読点の有無は書き手の判断ですが、ポルトガル語のコンマは文の一部を構成します。コンマの有無で文章の意味がまったく異なることもありますので注意が必要です。

● 地名と年月日を区切ります。

Osaka, 26 (vinte e seis) de dezembro de 2010 (dois mil e dez).
2010年12月26日、大阪

● 手紙文の冒頭の呼びかけと結語をコンマで区切ります。

Prezado Professor Antônio,　アントニオ先生、

Atenciosamente,　敬具

● 語句を列挙する時は、コンマで区切ります。

Não se esqueça de trazer lápis, borracha, caneta e dicionário para a prova.
試験に、鉛筆、消しゴム、ボールペンと辞書を持ってくるのを忘れないでください。

NOTA

切れ目がわかりにくくなる場合は、接続詞「e」の前にコンマを置いて、A, B, C, D, e E とした方がいいでしょう。

Eu fui a Okinawa, visitei a Torre Himeyuri, conheci o aquário com os tubarões-baleia, comi bastante, **e** voltei satisfeita.
沖縄に行って、ひめゆりの塔を見学して、ジンベエザメがいる水族館に行って、たくさん食べて、満足して帰ってきました。

● 並置された語句の内容を説明・修飾する場合はコンマで区切ります。

A Mina de Prata de Iwami, da província de Shimane, está classificada como patrimônio mundial da UNESCO desde 2007.
島根県の石見銀山は2007年からユネスコの世界遺産に登録されています。

● 副詞的な従属節が文頭に来る場合はコンマで区切ります。

Na madrugada do dia 21 (vinte e um) de fevereiro para o dia 22 (vinte e dois), os moradores de 11 (onze) estados brasileiros atrasaram os relógios em uma hora.
2月22日から23日にかけての真夜中に、ブラジルの11の州の住民は時計を1時間遅らせました。

● 文中に挿入される語句を分離する場合は、前と後をコンマで区切ります。

接続詞

Posso ir, mas, não podemos ficar por muito tempo.
行けます、ですが、長居はできません。

Algumas palavras japonesas derivam do português, por exemplo, pão, confeito, etc.
パンや金平糖など、日本語のいくつかの言葉はポルトガル語に由来しています。

副詞的な従属節

A relação deles, já naquela época, não estava boa.
あの当時でも、彼らの関係は良くなかった。

主節を分離する挿入句や挿入節

Os trâmites, creio eu, devem demorar um bom tempo.
私が思うに、手続きにはかなり時間がかかりそうです。

NOTA

文中でコンマを使ってはいけない場合があります。「主語＋動詞＋補語」という順序の文の場合に限れば、以下の3点に注意してください。

1　ポルトガル語の表記と句読法

●主語と述語の間にはコンマを使わない
　× Eu, Mário, Pedro e João, completamos 20 (vinte) anos este mês.
　○ Eu, Mário, Pedro e João completamos 20 (vinte) anos este mês.
　　私とマリオとペドロとジョアンは今月20歳になります。

●動詞と補語の間にはコンマを使わない
　× O Presidente indicou, sua posição no assunto.
　○ O Presidente indicou sua posição no assunto.
　　社長は本件に関して自分の立場を表明した。

●名詞とその修飾語の間にはコンマを使わない
　× Comprei um carro, usado da minha tia.
　○ Comprei um carro usado da minha tia.
　　叔母から中古車を買いました。

❸ セミコロン *(ponto e vírgula)*

● コンマが既に使用されている文を分離する時には、セミコロンを使います。

　Ele chegou cedo, como de costume; por isso, foi o primeiro a saber da notícia.
　彼はいつも通り早く着いたので、真っ先にそのニュースのことを知った。

● 文中に長いリストを挿入する時には、セミコロンを使います。

　Dentre os convidados estavam o presidente Brás, da Madeireira Brasil; diretor Porto, da Importadora Portugal; e o chefe Toyonaka da Manufatureira Toyonaka.
　招待者の中には、ブラジル材木のブラス社長、ポルトガル輸入のポルト部長、豊中工業の豊中課長がいました。

● 項目を明確に列挙する時には、セミコロンを使います。

　Vamos formar três grupos: Maki, Kimiko e Hiroko; Takako, Masayo e Yukie; Júlio, Leonardo e Nobusan.
　グループを3つ作ります。マキ、キミコ、ヒロコ / タカコ、マサヨ、ユキエ / ジューリョ、レオナルド、ノブサン。

❹ コロン *(dois pontos)*

● 箇条書きを始める文の最後にコロンを使います。❸ セミコロンの最後の文も参照してください。

O cardápio de hoje inclui os seguintes pratos: sopa de milho, salada mista, bife à milanesa, pão francês e sobremesa.
今日のメニューには次の料理が入っています：コーンスープ、ミックスサラダ、ビーフカツレツ、フランスパンとデザート

● 表やグラフなどの内容を示します。

Unidade: mil　単位：千

Gráfico 1: população　グラフ１：人口

● 文中に長い引用文を挿入する場合、引用文を始める時にコロンを使います。

Martin Luther King pronunciou seu mais famoso discurso: "Eu tenho um sonho que minhas quatro pequenas crianças vão um dia viver em uma nação onde elas não serão julgadas pela cor da pele, mas pelo conteúdo de seu caráter."
マーティン・ルーサー・キングは彼のもっとも有名なスピーチを行った。「私には夢がある。今は小さな私の４人の子供たちが、いつの日か肌の色ではなく内なる人格で評価される国に住めるようになるという夢が。」

❺ 感嘆符 *(ponto de exclamação)*

● 感嘆、驚き、喜びを示す文末に感嘆符を使います。

Eu vi a foto do seu cachorrinho no blog. Que fofinho!
あなたの子犬の写真をブログで見ました。なんて可愛いの！

Muito obrigado pelo presente! Adorei!!
プレゼントありがとう！　とっても気に入りました！！

NOTA

感嘆符を重ねて使うのはインフォーマルな場合に限ります。

1　ポルトガル語の表記と句読法

● 命令文・祈願文の文末に感嘆符を使います。

> É seu aniversário. Volte logo pra casa!
> あなたの誕生日よ。早く家に帰ってきなさい！

> Feliz Natal e um Próspero Ano Novo a todos!
> 皆様にメリークリスマス、そしてよいお年を！

NOTA

「Que ＋ 形容詞」の場合、感嘆符を使うか、ピリオドを使うかで、かなり意味合いが変わってきます。

Que bom!　よかったね！（＊発話時のイントネーションは上がり調子）
Que bom.　よかったね。（ちょっと冷めた感じがします）（＊発話時のイントネーションは下がり調子）

❻ 疑問符 *(ponto de interrogação)*

● 直接疑問文に疑問符を使います。

> Qual é o seu Avatar?
> あなたのアバターはどれですか？

> Poderia me mandar o arquivo em excel?
> ファイルをエクセルで送ってもらえますか？

NOTA

疑問符を重ねて使うのはインフォーマルな文でだけです。フォーマルな文書では失礼なイメージを与える場合もあります。

Tem certeza?　本当ですか？
Tem certeza???　本当ですか？？？（強い疑念を抱いている感じがします）

❼ 丸かっこ *(parênteses)*

● 文中である事柄について説明を加える時に、丸かっこを使います。

> Para procurar um hospital que atende em língua estrangeira, entre em contato com a AMDA (Centro Internacional de Informação Médica).　外国語が通じる病院を探す場合、AMDA（国際医療情報センター）に

お問い合わせください。

● 略語を示す時に、丸かっこを使います。

Para prestar o exame de língua portuguesa na União Européia, entre em contato com o Centro de Avaliação de Português, Língua Estrangeira (CAPLE).
EU内でポルトガル語の試験を受けたい場合、ポルトガル語能力検定試験センター（CAPLE）にお問い合わせください。

● ポルトガル語訳を示す時に、丸かっこを使います。

Comer nattô (soja fermentada) é muito bom para a saúde.
納豆（発酵した大豆）を食べるのは健康にとてもいいです。

❽ 引用符 *(aspas)*

● 文中の引用文を引用符でくくります。

Eu sempre disse a você: "(Não) faça com os outros o que (não) quer que os outros façam com você."
私はいつもあなたに、「己の欲せざる所は人に施すなかれ（自分の嫌いな事は他人にもするな）」と言ってきました。

● ある言葉を強調する時には、引用符を使います。

Eu te "amo".
あなたを「愛しています」。

Alguns colocam "amor" e "paixão" na mesma panela, mas para mim são duas coisas completamente diferentes.
「愛」と「熱情」を同じ鍋に入れる（同等にみなす）人もいますが、私にとって二つはまったく別物です。

● 外国語や本などのタイトルを表す時には、引用符を使います。

Adorei o "onsen" do Japão.
日本の温泉をとても気に入りました。

Saiu um artigo sobre o centenário da imigração no "Jornal Asahi".
「朝日新聞」に移民百周年の記事が載りました。

NOTA

もともと外国語であっても、すでに日常でよく使用される言葉は「借用語」扱いになりません。

    diet, pop star, status, hip hop, pizza, sushi   etc.

NOTA

最近はパソコンの普及で、引用符の代わりにイタリック体が用いられるようになりました。タイプする場合、引用文の挿入以外はイタリックにしても構いません。

> A moda das crianças japonesas é o DS portátil da Nintendo. Elas jogam *Mario Kart*, *Pokémon*, etc. dentro dos trens.　日本の子供たちの間の流行りはニンテンドーのDSです。電車の中で、マリオカートやポケモンなどのゲームで遊んでいます。

❾ ダッシュ *(travessão)*

丸かっこ、コンマ、コロンの代わりになります。

> José Saramago—autor de "Ensaio sobre a cegueira"—ganhou o Prêmio Nobel de Literatura.
> 「白の闇」の作者であるジョゼ・サラマーゴはノーベル文学賞を受賞しました。

● 強調したい語句の前に入れます。

> O presidente reiterou suas convicções—energicamente.
> 社長は自分の信念を「エネルギッシュ」に繰り返しました。

● 会話や直接伝達された文を表す時には、文頭にダッシュを使います。

> —Bom dia, professora.
> 先生、おはようございます。
> —Oi, Maria. Tudo bem com você?
> あら、マリア。元気にしていますか?
> —Tudo, obrigada. E a senhora?
> はい、ありがとうございます。先生はいかがですか?

—Estou ótima, muito obrigada.
　最高よ、どうもありがとう。

Questionado pelos policiais, Pedro respondeu:
— Nihongo wakarimasen.
　警察官に質問されて、ペドロは答えました。
　「日本語わかりません」

❿ 中断符 *(reticências)*

ためいきなど、感情を表現したり、読者の想像力に文の完結を任せたりする時に、中断符を使います。

Estou com muitas saudades de você ...
　あなたに逢えなくてとても寂しい…

No Brasil, saíamos todo final de semana e nos divertíamos. Aqui no Japão ...　ブラジルでは毎週末出かけて楽しんでいました。日本では…

● 引用文を省略する時に中断符を使います。

"Olha que coisa mais linda, mais cheia de graça. É ela menina, que vem e que passa …" (Tom Jobim)　「見てごらん、なんて優雅で美しいんだ。彼女だよ、行き交う娘だよ…」（トム・ジョビン）

NOTA 1

非常に長い引用文でなければ、省略せずに全文引用した方がよいでしょう。

NOTA 2

パソコンでの文書作成では、文が続く場合、記号の前後にあけるスペース（半角1文字分）にルールがあります。

● ピリオドの後ろにスペースを入れる。
　Sou japonês. Moro em Tokyo.
　私は日本人です。東京に住んでいます。　（*Tóquioという表記も多用されています）

● 疑問符、感嘆符の後ろにスペースを入れる。
　O quê? Meu Deus! Não posso acreditar ...
　なんですって？　そんな！　信じられません…

1　ポルトガル語の表記と句読法

- コンマの後ろにスペースを入れる。
  Eu quero um hambúrguer, batatas fritas e coca-cola.
  ハンバーガー、フライドポテトとコーラをください。
- 丸かっこの前後にスペースを入れる（直後が句読点の場合はスペースを入れない）。丸かっこの内側にはスペースを入れない。
  Mande um abraço ao Luís (e à sua família).
  ルイス（と家族の皆さん）によろしく伝えてください。

5 ブラジル人の手書き文字（筆記体）に慣れる

　日本人が書くブロック体や筆記体の手書き文字はとてもわかりやすいと思いますが、ブラジル人のポルトガル語の手書き文字は個人的な癖もあって、慣れないと非常にわかりにくいと思います。署名に関しては、わざと読みづらくする人もいます。というのも、小切手社会のブラジルでは、読みやすい（真似しやすい）字だと偽造されやすいのです。
　ここでは特徴的なブラジル人の筆記体を紹介します。タイプしたものを下に載せていますので、参考にしてください。

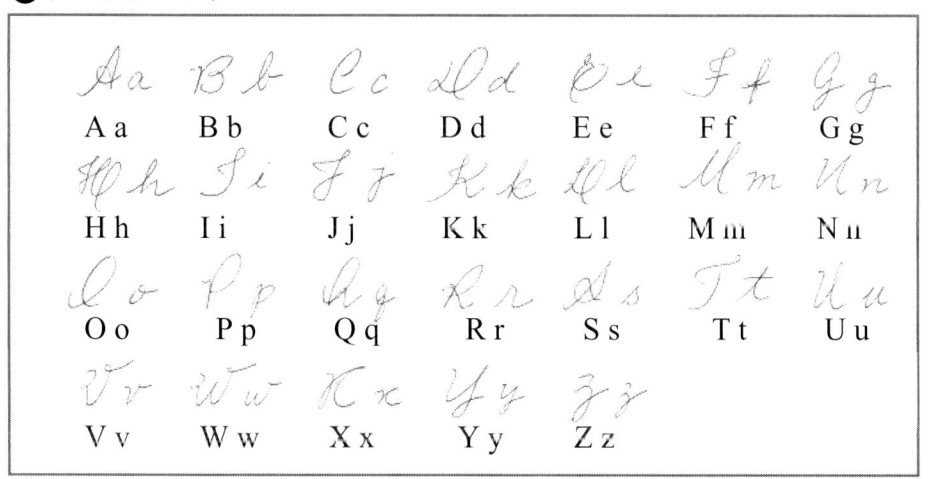

❶ アルファベット

A a	B b	C c	D d	E e	F f	G g
H h	I i	J j	K k	L l	M m	N n
O o	P p	Q q	R r	S s	T t	U u
V v	W w	X x	Y y	Z z		

特に大文字のDとL、FとIとT、VとWは見誤りやすい文字ですね。

❷ 数字

| 0 | 1 | 2 | 3 | 4 | 5 | 6 | 7 | 8 | 9 |

1と7が特徴的で、7に斜め棒が一本、「1」と見誤らないようにするために入っています。

また、実際の手書き文の一例を紹介します。一読して、どの程度判読できますか？

▶ 手書き文

Oi Mônica,

　Vamos comer sim o sushi um dia. Eu gosto muito do macarrão soba também. Tem restaurante japonês no Paraná sim. Não quer dar um pulinho lá qualquer dia desses?

　Um grande abraço,

　　　　　　　　　　Fátima

モニカへ、

　そうね、いつかお寿司を食べに行きましょう。私は蕎麦もとても好きですよ。ええ、パラナにも和食のレストランがあります。いつか行ってみませんか？

　大きな抱擁を、

　　　　　　　　　　ファッチマ

見誤りやすい字がいくつかありますので、以下に紹介します。

（um）、（soba）*（abraço）の u、s、b を見るとわかりますが、筆記体とブロック体を混ぜて書いたりしています。相手の癖をつかむのが、解読の第一歩です。

*（macarrão）の m が w に見え、r が重なった rr が u に見えています。また、鼻母音のアクセント記号「～」をつなげて書いてしまうこともよくあります。

6 ポルトガル語正書法の改正

　語のつづり方の規則のことを正書法といいます。1990年にポルトガル語圏諸国で正書法協定（Acordo Ortográfico da Língua Portuguesa）が結ばれました。ブラジルは1995年に批准し、2009年1月から2012年12月31日までの移行期を経て、2013年から本格的に使用することになります。発音面では従来のスタイルを保ちますが、正書法の変更はライティングに影響します。ここでは、新しいルールについて簡潔に紹介します。

❶ アルファベット数の変更
　旧正書法上23文字だったアルファベットに、K・W・Yが公式に認められ、英語同様26文字になりました。
K・W・Yの使用例：
●国際的に使用されている単位記号の表記
　　　km (quilômetro)　キロメートル
　　　kg (quilograma)　キログラム
　　　W (watt)　ワット
●外国語の固有名詞やそれから派生した語彙の表記
　　　karaokê（カラオケ）　　playboy（プレイボーイ）　　show（ショー）
　　　Kafka（カフカ）　　　　Mayumi（まゆみ）　　　　Darwin（ダーウィン）
　　　darwinismo（進化論）

❷ trema（uの上に付される2点〔¨〕）の廃止

gue（ゲ）・gui（ギ）・que（ケ）・qui（キ）の発音を、güe（グェ）・güi（グィ）・qüe（クェ）・qüi（クィ）にするためのuの上のtrema（¨）がなくなり、uのみになりました。発音に変わりはありませんが、ライティングの際には注意が必要です。

旧	新	
lingüiça	linguiça	腸詰めソーセージ
pingüim	pinguim	ペンギン
seqüência	sequência	一連、続き
freqüência	frequência	頻度
agüentar	aguentar	耐える
cinqüenta	cinquenta	50
delinqüente	delinquente	非行を働いた人
bilíngüe	bilíngue	バイリンガル
tranqüilo	tranquilo	安らか、おとなしい

NOTA

trema（ü）は外国語とその派生語に残ります。

  Müller ミュラー mülleriano ミュラーの

❸ アクセント記号の廃止

最後から2番目の音節にアクセントの来る語（paroxítona）で、アクセント（強音記号〔´〕）がついていた2重母音（ditongo）éi, óiのアクセント記号がなくなりました。

旧	新	
platéia	plateia	観客
geléia	geleia	ゼリー
idéia	ideia	アイディア
assembléia	assembleia	会合、議会
Coréia	Coreia	韓国
andróide	androide	アンドロイド

1 ポルトガル語の表記と句読法

旧	新	
apóia (verbo apoiar)	apoia	支持する（直説法現在三人称単数）
jóia	joia	宝石
jibóia	jiboia	ボア

NOTA

最後の音節にアクセントの来る語（oxítona）の、éis・éu・éus・ói・óisは従来通りアクセント記号が付きます。

papéis 紙＜複数形＞　　**herói** ヒーロー　　**heróis** ヒーロー＜複数形＞
troféu トロフィー　　**troféus** トロフィー＜複数形＞

● 最後から2番目の音節にアクセントの来る語（paroxítona）で、2重母音に次ぐ単母音のi・uからアクセント記号がなくなりました。

旧	新	
feiúra	feiura	醜さ

NOTA

最後の音節にアクセントの来る語（oxítona）では、i・u（is・usも同様）には従来通りアクセント記号が付きます。

Tuiuiú パンタナールの鳥：ズグロハゲコウ
Tuiuiús ズグロハゲコウ＜複数形＞
Piauí ピアウイー州

● êem・ôo・ôosで終わる語のアクセント記号がなくなりました。

旧	新	
crêem	creem	信じる（直説法現在3人称複数）
lêem	leem	読む（直説法現在3人称複数）
vêem	veem	見る（直説法現在3人称複数）
dôo	doo	譲渡する、与える（直説法現在1人称単数）
perdôo	perdoo	許す（直説法現在1人称単数）
abençôo	abençoo	祝福する（直説法現在1人称単数）
magôo	magoo	傷つける（直説法現在1人称単数）
enjôo	enjoo	吐き気、つわり
vôo	voo	飛行

● 以下の語のアクセント記号がなくなりました。

pára
（動詞pararの直説法現在3人称単数）
旧 ▶ Maria pára o táxi.
新 ▶ Maria para o táxi.
　　マリアはタクシーを止めます。

pêlo[s]
（毛、うぶ毛）
旧 ▶ Meu cachorro tem pêlos brancos.
新 ▶ Meu cachorro tem pelos brancos.
　　私の犬は毛が白いです。

polo[s]
（極地、ポロ競技）
旧 ▶ Viajei ao pólo Sul.
新 ▶ Viajei ao polo Sul.
　　南極に旅行しました。

NOTA

区別化のためのアクセントが残るケースもあります。

・pôde（動詞poderの直説法過去完了3人称単数）と pode（直説法現在3人称単数）
・pôr（動詞）と por（前置詞）
・ter、virとその派生動詞の直説法現在3人称単数と複数を区別
　　ter 持つ:　　ele tem / eles têm
　　deter 止める:　ele detém / eles detêm

1 ポルトガル語の表記と句読法

❹ Hífen（ハイフン）を付記する規則

Prefixo（接頭辞）と「ハイフン」の関係に関する規則を以下に要約します。

●どの接頭辞も、hで始まる語との間にはハイフンが必要です。

　　anti-higiênico（非衛生的）　　mini-hotel（ミニホテル）
　　super-homem（スーパーマン）　sobre-humano（超人）

●母音で終わる接頭辞

異なる母音で始まる語との間にハイフンは使用しません。

　　agroindustrial（農産業の）　　anteontem（一昨日）
　　antieducativo（非教育的）　　autoescola（自動車教習所）
　　coautor（共著者）　　　　　　extraescolar（校外）
　　infraestrutura（インフラ基盤）　semianalfabeto（半非識字者）

NOTA

接頭辞 co は、次の言葉が o で始まる場合もハイフンは使用しません。

　　coordenar　調整する
　　coordenador　コーディネーター
　　cooperar　協力する

r または s 以外で始まる語との間にハイフンは使用しません。

　　autopeça（自動車部品）　　　autoproteção（自己防衛）
　　microcomputador（マイクロコンピュータ）　geopolítica（地政学）
　　ultramoderno（超モダン）　　antibiótico（抗生物質）
　　semicírculo（半円）　　　　　semifinal（準決勝）
　　seminovo（新古（商）品；比較的新しい言葉で、segunda-mão（中古）より響きがよい）

NOTA

接頭辞「vice」には「ハイフン」が必要。

　　vice-presidente　副社長、副大統領　vice-prefeito　副市長

r または s で始まる語との間にハイフンは使用せず、rr・ss となります。

antirrábico（狂犬病予防）　　antirrugas（しわ予防）
antissocial（社交嫌い）　　　biorritmo（バイオリズム）
minissaia（ミニスカート）　　ultrassom（超音波）

同じ母音で始まる語との間にはハイフンが必要です。

anti-inflamatório（抗炎症）　auto-observação（自己観察）
contra-atacar（反撃する）　　micro-ondas（電子レンジ）

●子音で終わる接頭辞

同じ子音で始まる語との間にはハイフンが必要です。

hiper-requintado（最高に洗練された）
super-racista（超人種差別主義者）
super-romântico（とてもロマンチックな）
super-resistente（非常に頑丈な）

異なる子音の場合は、ハイフンは使用しません。

hipermercado（ハイパーマーケット）　superproteção（過保護）
supersônico（超音速）

母音で始まる語との間にはハイフンは使用しません。

interescolar（学校間の）　　　superamigo（親友）
superexigente（過度に要求する）　supereconômico（超安上がりな）

NOTA

・接頭辞 ex・sem・além・recém・pós・pré にはハイフンが必要です。

ex-marido　前夫　　　　　ex-namorado　元恋人・元彼氏
sem-teto　ホームレス　　　além-mar　外国
recém-casado　新婚　　　　recém-nascido　新生児
pós-graduação　大学院　　　pré-história　先史時代

2 ポルトガル語文の基本的な組み立て方

　日本語で考えた内容をポルトガル語で表現したいと思っても、いざ文を書くときに一番迷うのは、やはり単語を並べる順番ではないでしょうか。日本語の語順をそのままポルトガル語に当てはめても、文の構造がまったく異なるので、意味の分かりづらい文になってしまうのは当然のことです。

　「日本語で考えてポルトガル語で書く」ためには「日本語の文の内容をポルトガル語の文で表現する」ことが大事です。

　ということは、日本語の文を、どのポルトガル語の基本文型を使って表現するのかを学習することが、ポルトガル語文を書く上で非常に大切になります。

　ここでは、ポルトガル語でもっともよく使われる文型の組み立て方のパターンを分かりやすい形で紹介します。

1 主語がある文のパターン

❶ 誰（なに）が ＋ どんなだ

```
   (A)        (B)
   これ   は  お守りです。
    ↓    =    ↓
   Isto   é   um talismã.
   (A)        (B)
```

```
   (A)           (B)
   私      は  疲れています。
    ↓     =     ↓
   Eu   estou   cansado.
   (A)           (B)
```

このパターンは、主語について、「その性質や状態がどんなであるか」を説明する時に使います。
図式化すると、(A) = (B) になります。主語 (A) と主格補語（述語）(B) がイコールの関係にある文の組み立てで、とても作りやすいパターンの文型です。主格補語 (predicativo do sujeito) は、主語 (sujeito) が「何であるのか」「どんな状態なのか」を表している語です。
「＝」を意味する動詞は verbo de ligação（繋ぎ動詞）と呼ばれ、文字通り、AとBを繋ぐ動詞です。動詞がなくても、文の意味は通じます。

組み立てのポイント
a) 主語を決める
b) イコールの意味を持つ動詞（verbo de ligação）を持ってくる
c) 主語が「なんであるか」「どんな状態なのか」を説明する主格補語を並べる。

主格補語になれる言葉の種類
a) 名詞

　　A Femina é uma empresa só de mulheres.
　　フェミーナは女性だけの会社です。

　　Eles são estudantes desta escola. 　彼らはこの学校の学生です。

b) 代名詞

　　A carta era sua? 　あなたの手紙でしたか？

　　A minha casa é aquela. 　私の家はあれです。

c) 数詞

　　As partes do corpo são três. 　体の部分は3つです。

　　Os dias da semana são sete. 　1週間は7日です。

d) 形容詞

　　Meu chefe é severo. 　私の上司は厳しいです。

　　Estudar é importante. 　勉強は大切です。

2　ポルトガル語文の基本的な組み立て方

e) 形容詞句（前置詞＋名詞）

　　Estes copos são de cristal.　これらのコップはクリスタル製です。

　　A bolsa que ganhei do meu namorado no Natal é de marca.
　　クリスマスに彼からもらったバッグはブランド物です。

f) 副詞

　　Eu estou bem.　私は大丈夫です。

　　Eu continuo (morando) aqui.　私は変わらずここに（住んで）います。

g) 動詞を含む文節

●不定詞

　　Meu hobby é ler livros.　私の趣味は読書です。

　　Estudar é pensar no futuro.
　　勉強することは将来のことを考えることです。

●現在分詞

　　Ele está falando.　彼は話しています。

　　O bebê continua chorando.　赤ちゃんが泣き続けています。

●過去分詞

　　A porta está aberta.　ドアが開いています。

　　Ele é calado.　彼は無口です。

▶ 主な繋ぎ動詞（verbo de ligação）

〜だ （変わらない性質や状態を表す） ser	彼氏は日本人です。 Meu namorado **é** japonês. 私はここの出身ではありません。 Eu não **sou** daqui.　(*daqui: de + aqui)
〜だ （一時的な状態を表す） estar	ペドロは今日とても幸せそうです。 Pedro **está** muito feliz hoje. ジェは昨シーズン怪我をしていました。 Gê **estava** machucado na temporada passada.
〜のように見える parecer	息子は疲れているように見えます。 Meu filho **parece (estar)** cansado. 雲が綿のように見えます。 As nuvens **parecem (ser)** de algodão.
〜のままである permanecer	あの青年は落ち着いたままです。 Aquele rapaz **permanece** calmo. 座ったままでいてください。 **Permaneçam** sentados.
〜になる ficar	マリは悲しくなりました。 Mari **ficou** triste. 落ち着いてください。 **Fique** calmo.
相変わらず〜である continuar	私は相変わらず疲れています。 Eu **continuo** cansada. 彼のことで、マリアは相変わらず悲しそうです。 Maria **continua** triste por ele.
〜の状態だ andar	ペドロはナーバスになっています。 Pedro **anda** nervoso.

2　ポルトガル語文の基本的な組み立て方

▶日常的によく使う形容詞の活用

(男 男性名詞を形容、女 女性名詞を形容、単 単数、複 複数)

	男 単	男 複	女 単	女 複
新しい	novo	novos	nova	novas
安価な	barato	baratos	barata	baratas
忙しい	ocupado	ocupados	ocupada	ocupadas
美しい	bonito	bonitos	bonita	bonitas
嬉しい	contente	contentes	contente	contentes
おいしい	gostoso	gostosos	gostosa	gostosas
大きい	grande	grandes	grande	grandes
悲しい・寂しい	triste	tristes	triste	tristes
簡単な	fácil	fáceis	fácil	fáceis
きれい	limpo	limpos	limpa	limpas
謙虚な	modesto	modestos	modesta	modestas
健康な	são	sãos	sã	sãs
高価な	caro	caros	cara	caras
困難な	difícil	difíceis	difícil	difíceis
幸せな	feliz	felizes	feliz	felizes
静か・穏やか	calmo	calmos	calma	calmas
親切な	prestativo	prestativos	prestativa	prestativas
素晴らしい	maravilhoso	maravilhosos	maravilhosa	maravilhosas
清潔な	limpo	limpos	limpa	limpas
高い	alto	altos	alta	altas
楽しい	divertido	divertidos	divertida	divertidas
多忙な	atarefado	atarefados	atarefada	atarefadas
低い	baixo	baixos	baixa	baixas
古い	velho	velhos	velha	velhas
満足な	satisfeito	satisfeitos	satisfeita	satisfeitas
役立つ	útil	úteis	útil	úteis
有名な	famoso	famosos	famosa	famosas
裕福な	rico	ricos	rica	ricas
良い	bom	bons	boa	boas

NOTA

直接的な表現より、não ser muito ...（あまり〜ではない）、não ser tão ...（そんなに〜ではない）と否定文を使用した方が、文体が柔らかくなることがあります。

- ○ Eu sou infeliz.　私は不幸です。
- ◎ Eu **não sou muito** feliz.　私はあまり幸せではありません。

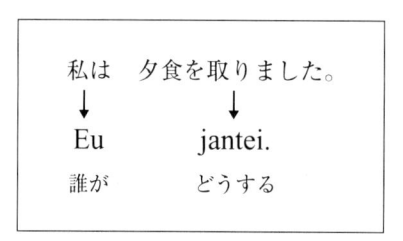

❷ 誰（なに）が ＋ どうする

```
私は　　夕食を取りました。
 ↓　　　　　↓
 Eu　　　jantei.
誰が　　どうする
```

主語を示す「人」や「事柄」の動作が、主語以外の「人」や「事柄」に影響を与えない時に使う基本文型です。「誰（なに）が＋どうする」だけで意味が完全に伝わるパターンです。

組み立てのポイント
a) まず主語の「誰が」あるいは「なにが」を決定します。
b) 次に「どうする」の動詞をもってくれば、完成です。この基本文型で使われる動詞は自動詞 (verbo intransitivo) です。

2 ポルトガル語文の基本的な組み立て方

▶ 使える動詞（自動詞）例

現れる、出席する aparecer	彼は現れませんでした。 Ele não **apareceu**.
言い争う discutir	彼氏と言い争いました… **Discuti** com meu namorado ...
行く ir	私は行きます！ Eu **vou**!
痛む doer	頭が痛みます。 Minha cabeça **dói**.
ウォーキングをする caminhar	ウォーキングをしました。 Eu **caminhei**.
嘘をつく mentir	彼女は嘘をつきました。 Minha namorada **mentiu**.
産まれる nascer	赤ちゃんが産まれました。 O bebê **nasceu**.
遅れる・かかる demorar	まだ10分かかります。 Vou **demorar** mais 10 minutos.
落ちる・下がる cair	私のマンションの価格が下がりました。 O valor do meu apartamento **caiu**.
泳ぐ nadar	あなたは泳ぎましたか？ Você **nadou**?
終わる・別れる terminar	私たちは別れました。 Nós **terminamos**.
外出する sair	両親は外出しました。 Meus pais **saíram**.
機能する funcionar	この電子辞書は機能していません。 Este dicionário eletrônico não **funciona**.
喧嘩する brigar	私たちは喧嘩しました。 Nós **brigamos**.
賛成する concordar	あなたは賛成しますか？ Você **concorda**?
失敗する falhar	私は失敗しました… Eu **falhei** ...

死ぬ morrer	祖父が死にました。 Meu avô **morreu**.	
出発する partir	彼女は出発しました。 Ela **partiu**.	
育つ crescer	子供たちは成長しました。 As crianças **cresceram**.	
昼食をとる almoçar	あなたは昼食を取りましたか？ Você **almoçou**?	
着く chegar	大臣が到着しました。 O ministro **chegou**.	
続く durar	おつきあいは長続きしましたか？ O namoro **durou**?	
倒産する falir	たくさんの企業が倒産しました。 Muitas empresas **faliram**.	
泣く chorar	彼女は泣きました。 Ela **chorou**.	
亡くなる falecer	上司が亡くなりました。 Meu chefe **faleceu**.	
寝る dormir	私は寝ませんでした。 Eu não **dormi**.	
走る correr	選手たちは走りました。 Os atletas **correram**.	
働く trabalhar	ジョアナのご主人は働いていません。 O marido da Joana não **trabalha**.	
話し合う conversar	私たちは話し合っていません。 Nós não **conversamos**.	
病気になる adoecer	息子が病気になりました。 Meu menino **adoeceu**.	
微笑む sorrir	彼女が微笑んだ！ Ela **sorriu**!	
目が覚める acordar	目が覚めましたか？ **Acordou**?	
戻る voltar	あなたは何時に帰ってきますか？ A que horas você **volta**?	

夕食をとる jantar	夕食をとっていません。 Eu não **jantei**.
夢を見る sonhar	あなたは夢を見ますか？ Você **sonha**?
料理する cozinhar	あなたは料理しますか？ Você **cozinha**?
旅行する viajar	いつ旅行しますか？ Quando você **viaja**?

❸ 誰（なに）が ＋ どうする ＋ どのように

この組み立てパターンでは、「誰（なに）が＋どうする」のパターンに、「いつ」「どこで」等、動作の時間や場所、状態を表す補語を付け加えていきます。

「動詞」を説明する語句をどんどん後ろに足していくことができます。

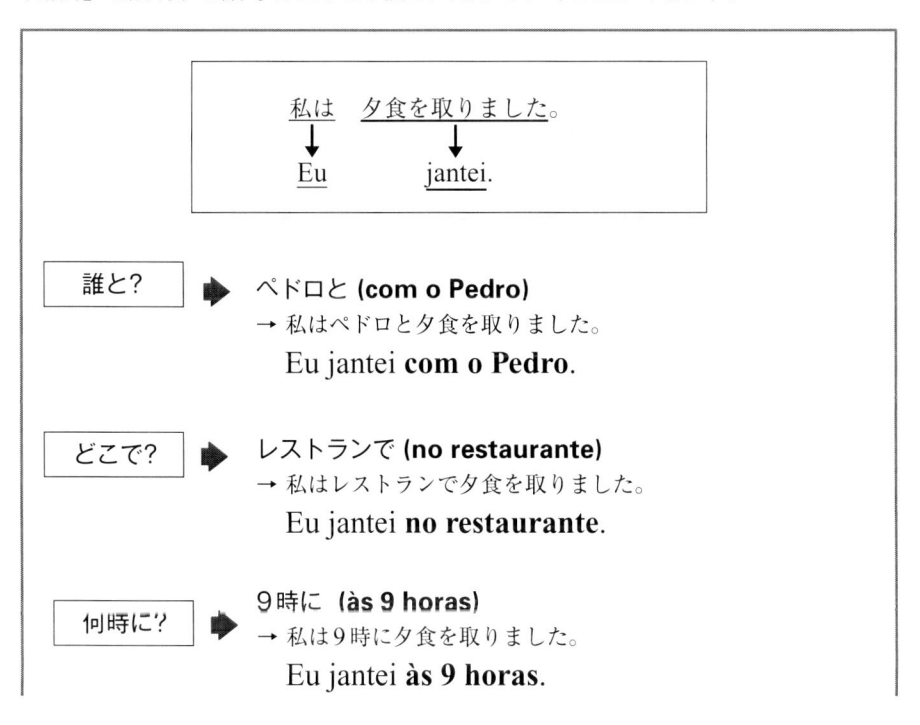

```
私は    夕食を取りました。
 ↓        ↓
 Eu      jantei.
```

誰と？ ▶ ペドロと (**com o Pedro**)
　→ 私はペドロと夕食を取りました。
　　Eu jantei **com o Pedro**.

どこで？ ▶ レストランで (**no restaurante**)
　→ 私はレストランで夕食を取りました。
　　Eu jantei **no restaurante**.

何時に？ ▶ 9時に (**às 9 horas**)
　→ 私は9時に夕食を取りました。
　　Eu jantei **às 9 horas**.

どのように?	➡	ゆっくりと **(com calma)**

→ 私はゆっくりと夕食を取りました。
Eu jantei **com calma**.

→ 私はペドロとレストランで9時にゆっくりと夕食を取りました。

Eu jantei com o Pedro no restaurante às 9 horas com calma.

補語をどんどん足していけばいいだけですし、また、それぞれの補語の順番が変わっても大丈夫です。

> 私はゆっくりとレストランで9時にペドロと夕食を取りました。
> Eu jantei com calma no restaurante às 9 horas com o Pedro.
>
> 私は9時にペドロとレストランでゆっくりと夕食を取りました。
> Eu jantei às 9 horas com o Pedro no restaurante com calma.

ジョアンは新しい恋人と パーティーに **出席しました**。
João **apareceu** na festa com a nova namorada.

私と彼は互いにとても 熱心に 芸術について **話しました**。
Eu e ele **conversamos** um com o outro sobre arte com muito entusiasmo.

やっと私は彼氏と 喧嘩せずに **別れました**。
Finalmente eu **terminei** com meu namorado sem brigar.

私と娘は夜中にタクシーで家に **帰りました**。
Eu e minha filha **voltamos** para casa de táxi de madrugada.

NOTA

文章を豊かにするため、さまざまな補語を積極的に使ってみましょう。このパターンで使える動詞を「誰（なに）が ＋ どうする」パターンの項目でも紹介していますので、参考にしてください。

2 ポルトガル語文の基本的な組み立て方

❹ 誰（なに）が＋どうする＋なにを

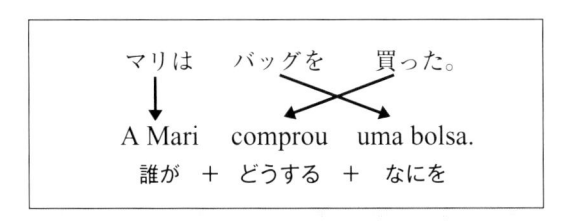

```
マリは    バッグを    買った。
 ↓         ╲    ╱
A Mari   comprou   uma bolsa.
 誰が  ＋  どうする  ＋  なにを
```

もっともよく使われるパターンで、この形に使われる直接目的語を必要とする他動詞（verbo transitivo direto）の数も多いので、後に続く名詞のボキャブラリーが多いほどいろいろなことが書けます。この組み立てパターンでも、「いつ」「どこで」等、動作の時間や場所、状態を表す補語を付け加えていくことができます。

組み立てのポイント

a) まず主語の「誰が」あるいは「何が」を決定します。
b) 次に「どうする」の動詞をもってきます。
c) それから、「対象は？」あるいは「なにを？」の語句を加えます。
　 直接目的語なので、前置詞は必要ありません。
d) この組み立てパターンでも、「いつ」「どこで」等、動作の時間や場所、状態を表す補語を付け加えていくことができます。

<u>私は</u>　ラブレターを　　　もらいました。
<u>Eu</u>　**recebi**　uma carta de amor.

<u>私は</u>　ポルトガル語を　　学んでいます。
<u>Eu</u>　**estudo**　português.

<u>私は</u>　労働契約に　　　　署名しました。
<u>Eu</u>　**assinei**　o contrato de trabalho.

▶ 不定詞（動詞の原形）を含む文節を直接目的語にとる動詞

〜することができる conseguir	あなたは納豆を食べることができますか？ Você **consegue** comer *nattô*?
〜を決める decidir	私たちは電車で行くことに決めました。 Nós **decidimos** ir de trem.
〜をしたい（願う） desejar	私は来年ブラジルに旅行したい。 Eu **desejo** viajar ao Brasil ano que vem.
〜を期待する esperar	飛行機の時間に間に合うといいのですが。 **Esperamos** chegar a tempo do voo.
〜しに行く ir	クリスマスプレゼントを買いに行きます。 Eu **vou** comprar presentes de Natal.
〜をする必要がある （不可欠である） necessitar	息子は毎月病院に行く必要があります。 Meu filho **necessita** ir ao hospital todo mês.
〜を計画する planejar	私たちは日本で家を買うことを計画しています。 Nós **planejamos** comprar uma casa no Japão.
〜をする必要がある（要する） precisar	あなたは1日3回薬を飲む必要があります。 Você **precisa** tomar remédio três vezes ao dia.
〜するつもりである pretender	私は留学するつもりです。 Eu **pretendo** estudar no exterior.
〜を約束する prometer	上司は給与の賃上げを約束してくれました。 Meu chefe **prometeu** aumentar o salário.
〜したい（欲する） querer	私は旅行したい。 Eu **quero** viajar.
〜できる（技能的に） saber	あなたは料理ができますか？ Você **sabe** cozinhar?
〜しようとする tentar	彼はお父さんを説得しようとしました。 Ele **tentou** convencer seu pai.

2 ポルトガル語文の基本的な組み立て方

❺ 誰（なに）が ＋ どうする ＋ 誰（なに）に

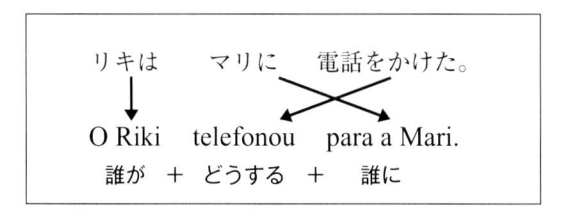

```
   リキは      マリに      電話をかけた。
    ↓           ↘    ↙
  O Riki    telefonou    para a Mari.
   誰が    ＋  どうする   ＋   誰に
```

組み立てのポイント

a) まず主語の「誰が」あるいは「なにが」を決定します。
b) 次に「どうする」の動詞をもってきます。このパターンで使用される動詞は間接目的語を必要とする動詞（verbo transitivo indireto）です。
c) 最後に「対象は？」あるいは「誰（なに）に？」の語句を並べて完成します。間接目的語なので、「どうする」と「誰（なに）に」の間には前置詞が必要です。
d) この組み立てパターンでも、「いつ」「どこで」等、動作の時間や場所、状態を表す補語を付け加えていくことができます。

▶ 組み立てパターンの主な動詞と前置詞のセット

〜を信じる acreditar em …	私のことを信じてください、お願いします。 **Acredite em** mim, por favor.
〜を観る assistir a …	私は宮崎駿の最新映画を見ました。 Eu **assisti a**o novo filme de Hayao Miyazaki.
〜で遊ぶ brincar de …	娘たちはかくれんぼで遊びます。 Minhas filhas **brincam de** esconde-esconde.
〜と結婚する casar-se com …	私はパウロと結婚します。 Eu **me casarei com** Paulo.
〜に合っている combinar com …	この赤いスカートは白いブラウスに合います。 Esta saia vermelha **combina com** a blusa branca.
〜を信用する confiar em …	私は あなたを信用しています。 Eu **confio em** você.
〜に依存する depender de …	私は男性に依存していません。 Eu não **dependo d**os homens.
〜に従わない desobedecer a …	娘はいつも父親に反抗しています。 Minha filha sempre **desobedece a**o seu pai.

～を忘れる esquecer-se de …	あなたは私のことを忘れてしまったのですか？ Você **se esqueceu de** mim?
～が好きである gostar de …	ホベルトはマリアを好いています。 O Roberto **gosta d**a Maria.
～に興味がある interessar-se por …	私はブラジル建築に興味があります。 Eu **me interesso pela** arquitetura brasileira.
～に行く ir a …	ブラジルに行きます。 Eu **irei a**o Brasil.
～を思い出す lembrar-se de …	私のことを覚えていますか？ **Lembra-se de** mim?
～に従う obedecer a …	私はいつも規則を守っていました。 Eu sempre **obedeci** às regras.
～を見る olhar para …	彼女を見てあなたのことを思い出しました。 **Olhei para** ela e lembrei-me de você.
～に似る parecer-se com …	あなたはお父様に似ています。 Você se **parece com** seu pai.
～に参加する participar de …	あなたは6月祭に参加しますか？ Você vai **participar da** festa junina?
～に合格する passar em …	娘は大学に合格しました。 Minha filha **passou no** vestibular.
～について考える pensar em …	私はいつもあなたのことを考えています。 Eu sempre **penso em** você.
～を必要とする precisar de …	私にはあなたが必要なのです。 Eu **preciso de** você.
～に答える responder a …	彼は私の手紙に返事をくれませんでした。 Ele não **respondeu às** minhas cartas.
～に好感を抱く simpatizar-se com …	私は新しい上司に好感を抱きました。 Eu **me simpatizei com** o novo chefe.
～を応援する torcer por …	私はあなたを応援しています。 Estou **torcendo por** você.

2 ポルトガル語文の基本的な組み立て方

▶ 不定詞（動詞の原形）を間接目的語にとる動詞

〜したばかりである acabar de …	研修生たちが到着したところです。 Os estagiários **acabaram de chegar**.	
〜を覚える aprender a …	フェイジョアーダ作りを覚えました。 Eu **aprendi a fazer** feijoada.	
〜をし始める começar a …	私の赤ちゃんが話し始めたのです。 Meu bebê **começou a falar**.	
〜に同意する concordar em …	私はあなたを助けるのに同意していません。 Eu não **concordei em ajudar** você.	
〜するのを続ける continuar a …	あの青年は独学で学び続けています。 Aquele rapaz **continua a estudar** sozinho.	
〜するのを忘れる esquecer-se de …	あなたは返事を書くのを忘れたのですか？ Você **se esqueceu de mandar** a resposta?	
〜することを好む gostar de …	私は手紙を書くのが好きです。 Eu **gosto de escrever** cartas.	
〜することを止める parar de …	彼はたばこを吸うのをやめました。 Ele **parou de fumar**.	
〜するように頼む pedir para …	パンを買ってくるように頼みました。 Eu **pedi para comprar** pão.	
〜を終える terminar de …	私は卒論を書き終えました。 Eu **terminei de escrever** minha monografia.	

❻ 誰（なに）が ＋どうする ＋なにを ＋誰（なに）に

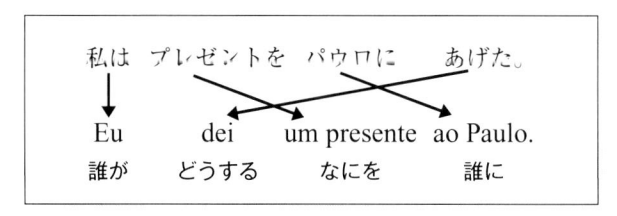

```
私は    プレゼントを  パウロに    あげた。
 ↓                              
Eu    dei      um presente   ao Paulo.
誰が   どうする    なにを        誰に
```

組み立てのポイント
a) まず主語の「誰が」あるいは「なにが」を決定します。
b) 次に「どうする」の動詞をもってきます。

c) 次に、「なにを？」を付け加えます。
　直接目的語なので、前置詞は必要ありません。
d) 最後に「誰（なに）に?」を並べて完成します。
　間接目的語なので、前置詞が必要です。
e) この組み立てパターンでも、「いつ」「どこで」等、動作の時間や場所、状態を表す補語を付け加えていくことができます。

NOTA

「なにを」が前・「誰に」が後、という順番は必ずしも定まっているわけではなく、「誰に」が前・「なにを」が後に来てもかまいません。

私は	プレゼントを	パウロに	あげた。
Eu	dei	um presente	ao Paulo.
誰が	どうする	なにを	誰に

私は	パウロに	プレゼントを	あげた。
Eu	dei	ao Paulo	um presente.
誰が	どうする	誰に	なにを

▶ **この組み立てパターンに使える主な動詞**（verbo transitivo direto e indireto 直接目的語と間接目的語を必要とする動詞）例

〜を〜に感謝する agradecer＋なにを＋だれに	招待のことを彼女に感謝しました。 **Agradeci** a ela o convite.
〜を〜に紹介する apresentar＋なにを＋だれに	恋人を両親に紹介しました。 Eu **apresentei** a minha namorada aos meus pais.
〜を〜に知らせる avisar＋なにを＋だれに	その事実を全社員に知らせました。 Eu **avisei** o fato a todos os funcionários.
〜を〜に買う comprar＋なにを＋だれに	夫が息子に車を買いました。 Meu marido **comprou** um carro ao meu filho.
〜を〜にあげる dar＋なにを＋だれに	祖母は私にプレゼントをくれました。 Minha avó me **deu** um presente.
〜を〜に返す devolver＋なにを＋だれに	私はレンタル店にビデオを返しました。 Eu **devolvi** o vídeo à locadora.

2　ポルトガル語文の基本的な組み立て方

～を～に貸す emprestar＋なにを＋だれに	私に携帯を貸してくれますか？ Você me **empresta** o celular?
～を～に教える ensinar＋なにを＋だれに	娘はブラジル人に日本語を教えています。 Minha filha **ensina** japonês aos brasileiros.
～を～に手渡す entregar＋なにを＋だれに	私は招待状を友達全員に手渡しました。 Eu **entreguei** o convite a todos os meus amigos.
～を～に送る enviar＋なにを＋だれに	私は本を2箱ペドロに送りました。 Eu **enviei** dois pacotes de livros ao Pedro.
～を～に報告する informar＋なにを＋だれに	調査結果を先生に報告します。 Vou **informar** o resultado da pesquisa ao professor.
～を～に思い出させる lembrar＋なにを＋だれに	パウロに試験のことを思い出させました。 **Lembrei** o Paulo da prova.
～を～に見せる mostrar＋なにを＋だれに	私に免許証を見せてください。 Me **mostre** a sua carteira de motorista.
～を～に通知する notificar＋なにを＋だれに	新入社員に会社規則を通知しました。 **Notificamos** o regulamento da empresa aos novatos.
～を～に与える oferecer＋なにを＋だれに	招待客にお茶を出しましたか？ Você **ofereceu** chá aos convidados?
～を～に支払う pagar＋なにを＋だれに	銀行にお金を支払いました。 **Paguei** a conta ao Banco.
～を～に渡す passar＋なにを＋だれに	私に塩をください。 Me **passe** o sal, por favor.
～を～に頼む pedir＋なにを＋だれに	仕事仲間に頼みごとをする。 **Pedirei** um favor aos meus amigos do trabalho.
～を～にもらう receber＋なにを＋だれに	ペドロにプレゼントをもらいました。 **Recebi** um presente do Pedro.
～を～に持ってくる trazer＋なにを＋だれに	お母さんたちは子供にお弁当を持ってきました。 As mães **trouxeram** o lanche aos filhos.

❷ 主語がない文のパターン

原則として、動詞の活用は3人称単数の形です。

❶ 自然現象を表す動詞を使用するパターン

夜が明ける amanhecer	夜が明けました。 **Amanheceu**.
夜になる anoitecer	冬は早く夜になります。 **Anoitece** cedo no inverno.
明るくなる clarear	視界は明るくなりましたか？ **Clareou** a visão?
雨が降る chover	7月はよく雨が降ります。 **Chove** muito em julho.
霧雨が降る chuviscar	今日の午後小雨が降りました。 **Chuviscou** hoje à tarde.
日が暮れる entardecer	もう日が暮れましたか？ Já **entardeceu**?
暗くなる escurecer	急に暗くなりました。 **Escureceu** de repente.
霜が降りる gear	サンパウロでは霜が降りますか？ **Geia** em São Paulo?
雪が降る nevar	ここは毎日雪が降ります。 **Neva** todos os dias aqui.
稲光がする relampejar	稲光がしました。 **Relampejou**.
雷が鳴る trovejar	昨晩はよく雷が鳴りました。 **Trovejou** bastante na noite passada.
風が吹く ventar	強い風が吹きました。 **Ventou** forte.

NOTA

比喩的な意味で使われる場合、これらの動詞は主語の人称と活用を一致させます。

<u>Choveram</u> e-mails.　メールがたくさん来ました。
Eu <u>amanheci</u> cansada.　私は疲れて目覚めました。

❷ 時や天候を表す動詞 ser, fazer, estar を使用するパターン

É verão no Brasil?
ブラジルでは夏ですか？

No Japão **é** inverno.
日本では冬です。

Faz frio hoje.
今日は寒いです。（*frio: 名詞）

Fazia calor até ontem.
昨日まで暑かったです。（*calor: 名詞）

Estava frio naquele dia.
あの日は寒かったです。（*frio: 形容詞）

Está quente aí?
そこは暑いですか？　（*quente: 形容詞）

❸「存在する」や「起こる」を意味する動詞 haver を使用するパターン

Onde eu moro não **há** muitos brasileiros.
私が住んでいるところにはあまりブラジル人はいません。

Houve algum problema?
なにか問題が起きましたか？

❹ 経過した時間を示す動詞 fazer, haver, ir を使用するパターン

Faz cinco anos que me formei.
私が卒業してから5年経ちました。

Há dias que não escrevo no meu blog.
何日も私のブログに書き込んでいません。

Vai para dois meses de espera.
待機期間が2か月になります。

❺「可能である」を意味する口語的な dar para ... を使用するパターン

Não **deu para** chegar mais cedo.
もっと早くには来られませんでした。

Dá para trocar?
交換できますか？

❻ 時間、日付や距離を示す動詞 ser を使用するパターン

時間や距離が複数である場合、数と一致し、例外として3人称複数の活用形も使われます。

É longe e já é tarde.
遠いし、もう遅いです。

Ontem foi 1º (primeiro) de abril.
昨日は4月1日（エイプリルフール）でした。

Agora são 10 (dez) horas.
今は10時です。

De Osaka a Tokyo são 550km (quinhentos e cinquenta quilômetros) de distância.
大阪から東京までの距離は550キロです。(*km を読むときには複数になります)

NOTA

日付の場合、ser 動詞の活用は単数でも複数でも構いません。

今日は11月20日です。
→ Hoje é dia 20 (vinte) de novembro.
→ Hoje é 20 (vinte) de novembro.
　(*この場合、Hoje é dia 20 の dia が省略されています)
→ Hoje são 20 (vinte) de novembro.

❸ 引用文や伝達する文のパターン

ポルトガル語では人の言ったことをそのまま引用したり、まとめて報告したりする文がたくさんあります。

❶ 言われた言葉をそのまま引用する（直接話法）

a) 書く人の感情を交えずに自分や他の人が言ったことを引用する時は、動詞dizerを主に使います。

> O presidente disse: "Deus é brasileiro."
> 「神はブラジル人だ」と大統領は言いました。

NOTA

引用符に括られる引用文は、文末にピリオドがつきますが、引用文が先に来る逆文の場合、引用符の後にコンマがつきますので、ピリオドは使いません。

> "Deus é brasileiro", disse o presidente.

b) 引用する文が疑問文の時は、動詞perguntarを主に使用します。

> Eu perguntei a ele: "Você está bem?"
> 「大丈夫ですか？」と私は彼に尋ねました。

❷ 引用文を言ったその時の状態を表現するための動詞

afirmar（断言する）	concordar（同意する）	contar（述べる）
descrever（詳述する）	dizer（言う）	estipular（規定する）
explicar（説明する）	falar（話す）	gritar（叫ぶ）
insistir（主張する）	mencionar（言及する）	negar（否定する）
observar（所見を述べる）	ordenar（命令する）	pedir（お願いする）
prometer（約束する）	propor（提案する）	queixar（不平を言う）
questionar（尋問する）	reclamar（要求する、抗議する）	retrucar（反論する）
responder（答える）	sugerir（提案する）	

❸ 人の言ったことを伝達する（間接話法）

人の言ったことを自分の言葉で言い直して伝達するような時は、通常、報告の内容を「que」で始まる文節にまとめて、次のような文型を使います。

　　直▶O presidente disse: "Deus é brasileiro."

　　間▶O presidente disse que Deus era brasileiro.
　　　　神はブラジル人だと大統領は言いました。

❹ 質問を伝える

a) 質問が疑問詞で始まる場合は、その疑問詞で始まる節で引用を伝えます。

　　直▶Minha mãe sempre me pergunta: "A que horas você volta?"

　　間▶Minha mãe sempre me pergunta a que horas eu volto.
　　　　何時に帰ってくるの、と母はいつも聞きます。

　　直▶João perguntou a todos: "Quem vai à festa?"

　　間▶João perguntou a todos quem ia à festa.
　　　　誰がパーティーに行くのか、とジョアンは全員に聞きました。

b) 質問が疑問詞で始まらない場合は、seで始まる文節にまとめて、次のような文型を使います。

　　直▶João me perguntou: "Você vai à festa?"

　　間▶João me perguntou se eu ia à festa.
　　　　私はパーティーに行くのか、とジョアンは聞いた。

NOTA 1

伝達している人の視点に立って、伝達する文の中の人称が決定されます。

　　直▶ João me perguntou: "Você vai à festa?"
　　　　引用文：あなたはパーティーに行くの？

　　間▶João me perguntou se eu ia à festa.
　　　　伝達文：私はパーティーに行くのか？
　　　　（伝達者（私）の視点では、「あなた」は「私」を意味します）

NOTA 2

直接話法から間接話法に転換する場合、伝達する文の中に使われている動詞の時制は、次のように変化します。

1. 主文の動詞が現在・未来 → 時制の変化はありません

2. 主文の動詞が過去：
   伝達する文の動詞が現在→不完全過去
   伝達する文の動詞が不完全過去→不完全過去
   伝達する文の動詞が完全過去→大過去
   伝達する文の動詞が未来→過去未来
   伝達する文の動詞が過去未来→過去未来

❺ 命令・要請・助言を伝達する

誰かが他の人に命令や要請、助言をしたことを伝達するには、不定詞を使った次の文型が使うことができます。

> Meu médico me **aconselhou a comer** menos.
> 食べる量を減らすように、と主治医に助言されました。

> Minha mãe me **pediu para cozinhar** hoje.
> 今日は料理をするよう、母に頼まれました。

❻ 伝達の内容を言った主体を隠す

伝達者が分からない時、報告書などで客観的に述べる時、また、伝える内容が一般的なことである場合、次のような動詞を主文に使います。

acredita-se que ...	（〜と信じられている）
argumenta-se que ...	（〜という議論がある）
diz-se que ...	（〜と言われている）
entende-se que ...	（〜と理解されている）
espera-se que ...	（〜になるだろうと思われている）
foi concluído que ...	（〜という結論になっている）
foi descoberto que ...	（〜ということがわかった）
foi reconhecido que ...	（〜と認められた）

> nota-se que ... （〜ということが気付かれる）
> observa-se que ... （〜と観測される）
> presume-se que ... （〜と思われている）
> rumoriza-se que ... （〜と噂されている）

❻ その他

伝達の内容が真実かどうかわからない時や、真実だとわかっていても内容を婉曲に伝えたい時には、parece que ...を使います。

<u>Parece que</u> a Marta vai se casar com o Pedro.
マルタはペドロと結婚するようです。

<u>Parece que</u> João não gosta da Maria.
ジョアンはマリアが好きじゃないようです。

<u>Parece que</u> sim.　そうみたいです。

4　つなぎ・書き出しの表現

接続詞、前置詞句、副詞や熟語などを上手に使うと、文と文をスムーズにつないだり、話題を切り出したりすることができます。使い方は、文の最初に置いたり、間にはさんだりなど、いろいろです。さまざまな表現を使いこなせば、文章が豊かになりますので、どんどん使ってみましょう。

❶ 時を表す

Cada vez que você sorri pra mim, mais me apaixono por você.
あなたが笑う**たびに**、あなたにもっと恋をしてしまいます。

Tão logo leia o e-mail, me retorne, por favor.
メールを読んだら**すぐに**返信してください。お願いします。

Nunca mais tive chance de conversar com brasileiros **desde que** voltei do Brasil.
ブラジルから帰ってきて**以来**、ブラジル人と話したことはありません。

Antes de sair, me mande um e-mail.
出かける**前に**メールをください。

Depois de voltar para casa, me ligue.
家に帰った**後**、電話をください。

Quando eu chegar em casa, irei checar os e-mails.
家に着いた**ときに**、メールをチェックします。

❷ 付け加える、列挙する

Eu tenho três irmãos mais velhos **e** um irmão mais novo.
私には兄が3人と弟が1人います。

Fui fazer compras na sapataria **e** encontrei a Maria na mesma loja.
靴屋に買い物をしに行きました。そして、同じ店でマリアに会いました。

Esse filme é muito engraçado, **além de ser** dramático.
その映画はドラマチック**である上に**、とても面白いです。

Meu namorado **não só** fala o português, **mas também** o espanhol e o italiano.
私の恋人はポルトガル語**だけでなく**スペイン語とイタリア語も話せます。

❸ 反対のこと・対立した意見を言う

Eu tenho carteira de motorista **mas** quase não dirijo.
運転免許証を持っています。でも、あまり運転はしません。

Por um lado, gosto da alegria dos brasileiros, **mas por outro lado**, acho a vida no Brasil muito difícil.
一方で私はブラジル人の陽気さが好きなのですが、**他方では**ブラジルでの生活が難しいとも思います。

Ao contrário do que muita gente pensa, eu acredito que tudo vai melhorar nesse ano.
多くの人が考えるの**とは反対に**、私は今年すべてが好転すると信じています。

Apesar de ter estudado bastante, reprovei.
一生懸命勉強した**けれど**、落第しました。

Embora tenha jogado bem, o meu time perdeu.
よいプレーをした**にもかかわらず**、私のチームは負けました。

❹ 二者選択をする

Você vai ficar em casa **ou** vai continuar a trabalhar depois de casada? あなたは結婚後、家庭に入りますか？　それとも働き続けますか？

Eu volto **ou** em março **ou** em abril.
私は3月か4月のどちらかに帰ってきます。

Eu **não** bebo **nem** fumo.
私はお酒も飲みませんし、煙草も吸いません。

❺ 目的・理由・原因を言う

Estou economizando e poupando **para** viajar ao Brasil.
ブラジルへ旅行する**ために**節約して貯金しています。

Nós voltamos para casa **porque** a festa acabou.
パーティーが終わった**ので**、私たちは家に帰りました。

Como engordei muito, estou fazendo regime.
体重が増えすぎた**ので**、ダイエットをしています。

❻ 説明する

Por exemplo, da MPB (Música Popular Brasileira), eu gosto do Caetano Veloso.
例えば、ブラジル・ポピュラーソングではカエターノ・ヴェローゾが好きです。

Em outras palavras, ele é perfeccionista e quer que todos sejam iguais a ele.
言い換えれば、彼は完璧主義者で、他人にも同じことを求めるのです。

De modo geral, as mulheres vivem mais que os homens.
一般的に、女性の方が男性より長生きです。

Como se sabe, os japoneses são muito tímidos.
ご存じのように、日本人はとてもシャイなのです。

❼ 条件を言う

Se você estivesse no meu lugar, o que faria?
もしあなたが私の立場だったら、どうしますか？

Caso eu passe por aí, darei um pulinho na sua casa.
もしそちらまで行くことがあれば、ご自宅にちょっとお邪魔します。

Mesmo que meus pais sejam contra o casamento, eu pretendo me casar com você.
たとえ両親が結婚に反対しても、私はあなたと結婚するつもりです。

❽ 自分の意見を切り出す

Na minha opinião, essa crise financeira ainda vai continuar.
私の意見では、この経済不況はまだ続きそうです。

Do meu ponto de vista, esse filme deveria ser proibido para menores de 18 (dezoito) anos.
私の視点では、この映画は18歳未満には禁止すべきです。

Para o grande espanto meu, eu vi muitas mulheres se maquiarem dentro dos trens!
非常に驚いたことに、電車の中でお化粧をする女性をたくさん見かけました。

A meu ver, ele é uma pessoa de confiança. Não se preocupe com a situação.
私の見るところでは、彼は信頼が置ける人です。状況のことを心配しないでください。

❾ 率直に言う

Para ser franco com você, acho que o nosso relacionamento não tem futuro.
あなたに率直に言いますと、私達の関係には将来性がないと思います。

Para ser sincero, já cansei desse nosso relacionamento.
正直に言えば、私達のこの関係に疲れたのです。

Para ser exato, eu quero me separar de você.
はっきり言って、あなたと別れたいのです。

Para falar a verdade, eu gosto mais de ficar em casa do que sair.
実を言えば、外出するより家にいる方が好きなのです。

❿ 結論を言う・簡単に話をまとめる

É por isso que escolhi o Brasil.
そういう理由でブラジルを選んだのです。

Em todo caso, foi um evento que valeu a pena.
とにかく、行く価値があったイベントでした。

No final, resolvemos nos mudar.
最終的には、引っ越すことに決めました。

Resumindo, nos separamos.
手短に言えば、私達は別れたのです。

Simplesmente, isso é quase impossível.
簡単に言えば、それはほとんど不可能ですね。

第II部
ジャンル別ポルトガル語ライティング

1 グリーティングカード

　誕生日やクリスマスにグリーティングカードを貰うほど心躍ることはありません。最近ではグリーティングメールも多くなってきましたが、その形式はどうあれ、心がこもったメッセージは嬉しいものです。愛や優しさや愛情が詰まったグリーティングメッセージを書いてみましょう。

① グリーティングカードの書き方

　気持ちを伝えるために大事なのは「タイミングよく」「伝えたいことを簡潔に」「心をこめて」相手に伝えることです。カードは手紙と違って長々と書く必要はありません。しかし、短い文やきれいな文で気持ちを伝えるのは案外難しいものです。しかも文章の美しさや響きを重視するため、日常会話では使わない単語や言い回しを使用することがあります。

▶クリスマスカード

Querida Mary,

Feliz Natal e um Próspero Ano Novo! 〔決まり文句〕

Mande um grande abraço para toda a família. 〔心を込めたひと言〕

　　　　　　　　　　　　　Mônica 〔サイン〕

親愛なるマリへ、
楽しいクリスマスと素晴らしい新年をお迎えください。
ご家族の皆さんにもよろしくお伝えくださいね。
　　　　　　　　　　　　　　　　モニカ

1　グリーティングカード

　ここでは、季節のカードや日常のカードのよく使われる「決まり文句」をテーマ別に集めて紹介します。ブラジルの市販のグリーティングカードには「決まり文句」が既に印刷されていたり、ネットで送信できるグリーティングメールにもそういった「決まり文句」が載っていることも多いので、カードを選ぶ時の参考にもなります。決まり文句だけでなく、気持ちを添えたひと言を加えれば、素敵なカードの出来上がりです。いろんな組み合わせを楽しんでください。最後に自分の名前を忘れないように。

❷ 季節のカード

　それぞれの祝日やお祭りに欠かせないグリーティングカード。ですが、宗教的な意味合いを持つ祝日の場合、気をつけないと受け取る人が気分を害することもあることを心得ておいたほうがいいようです。
　また、日本のさまざまな祭日や年中行事なども参考にして送るのも楽しいと思います。ブラジルにいる相手に日本の風習を伝えることができますし、日本にいるブラジル人相手にはタイムリーで喜ばれること請け合いです。

▶ブラジルの祝祭日・年中行事

1月1日	Ano Novo / Confraternização Universal	元旦
＊移動祝日	Carnaval	謝肉祭
＊移動祝日	Paixão de Cristo	聖金曜日（キリスト受難日）
＊移動祝日	Páscoa	イースター
4月21日	Tiradentes	チラデンテス受難日
5月1日	Dia do Trabalho	メーデー
5月第2日曜日	Dia das Mães	母の日
＊移動祝日	Corpus Christi	聖体祭
6月12日	Dia dos Namorados	恋人の日
8月第2日曜日	Dia dos Pais	父の日
9月7日	Independência do Brasil	独立記念日
10月12日	Nossa Senhora Aparecida	守護聖人の日
	Dia das Crianças	こどもの日
11月2日	Finados	万霊節（死者の日）
11月15日	Proclamação da República	共和制宣言の日
12月25日	Natal	クリスマス
12月31日	Reveillon	大晦日

▶日本の祝祭日・年中行事

日付	ポルトガル語	日本語
1月1日	Ano Novo	元日
1月第2月曜日	Dia da Maioridade	成人の日
2月11日	Dia da Fundação da Nação	建国記念の日
2月14日	Dia de São Valentino	バレンタインデー
3月3日	Festival das Meninas	ひな祭り
3月21日頃	Equinócio da Primavera	春分の日
4月29日	Dia da Era Showa	昭和の日
5月3日	Dia da Constituição	憲法記念日
5月4日	Dia do Verde	みどりの日
5月5日	Dia das Crianças	こどもの日
5月5日	Festival dos Meninos	端午の節句
7月7日	Festival das Estrelas	七夕
7月第2月曜日	Dia do Mar	海の日
8月13〜16日	Finados	お盆
9月第2月曜日	Dia de Respeito aos Anciãos	敬老の日
9月23日頃	Equinócio de Outono	秋分の日
10月第2月曜日	Dia do Esporte	体育の日
11月3日	Dia da Cultura	文化の日
11月15日	Festival de 7-5-3 anos	七五三
11月23日	Dia de Agradecimento ao Trabalho	勤労感謝の日
12月23日	Aniversário do Imperador	天皇誕生日

NOTA

「X月Y日は日本でZの日です」
Y de X é Z no Japão

3 de novembro é Dia da Cultura no Japão.
11月3日は日本で文化の日です。

❶ クリスマスカード・新年のカード
Cartão de Natal / Cartão de Ano Novo

▶ クリスマスカード

> Feliz Natal!!
>
> Você tem sido **um bom menino**?
>
> **Espero que** o **Papai Noel** traga todos os presentes que você pediu!
>
> Já ornamentou a **árvore de Natal**?
>
> Um grande beijo,
>
> De sua avó Masayo

> メリークリスマス！
> よい子にしていましたか？
> サンタさんがあなたのお願いしたプレゼントを全部持ってきてくれますように！
> クリスマスツリーはもう飾ったの？
> 大きなキスを送ります。
>
> マサヨおばあちゃんより

NOTA

um bom menino よい子（相手が男の子の場合）
uma boa menina よい子（相手が女の子の場合）
Espero que + 動詞 「〜を希望します」「〜でありますように」と祈願を表す構文。続く動詞は接続法現在の活用です。Esperoが省略されて、Que + 動詞と使うこともあります。
Papai Noel サンタクロース
árvore de Natal クリスマスツリ

▶ 親しい家族へのクリスマスカード

Osaka, 25 de dezembro de 20XX.

Para toda a família Nakagawa,

Que as luzes do Natal guiem nossos corações para o caminho do bem, do amor e da fraternidade!

Feliz Natal e um Próspero Ano Novo a todos!

São votos de toda a família Silva

(20XX年12月25日、大阪)
中川家ご一同様

クリスマスの聖なる光が私たちの心を善・愛・友愛の道へ導いてくださいますように。

皆様に、メリークリスマス、そしてよいお年を！

シウヴァ家一同よりご祈念申し上げます。

NOTA 1

25 de dezembro de 20XX　クリスマスカードですので、事前に送るとしても、日付はクリスマス当日です。

Feliz Natal e um Próspero Ano Novo　多くの人はクリスマスカードの中で新年のあいさつも済ませてしまいます。11月や12月の少し早い時期にクリスマスと新年のあいさつを述べてもかまいません。

São votos de ...　「〜より祈念致します」という決まり表現

NOTA 2

クリスマスカードは家族から家族へ送るのが基本となっています。カードをフレンドリーにするためには、家族の名前を一人一人書きましょう。

Para: Família Nonaka (Jorgi, Masako, Tatiana) へ
De: Família Silva (Antônio, Joana, Júlia, Pedro) より

1　グリーティングカード

▶ 新年のカード

Queridos amigos,

Feliz Ano Novo!

Desejo a vocês muita paz e prosperidade neste ano de 20XX.

Um forte abraço do seu amigo Taro Yamada

親愛なる友人の皆さん、
新年明けましておめでとう！
この20XX年、皆さんに平和と繁栄をお祈りいたします。
友達の山田太郎

NOTA 1

Desejar ＋ 誰に ＋ 何を：「〜が〜でありますように」と祈願を表す構文

新年に幸運・成功・健康などを祈願する言葉は欠かせません。

felicidade	幸福	prosperidade	繁栄
sorte	運	amor	愛
sucesso	成功	alegria	喜び
paz	平和	esperança	希望
realizações	成果	saúde	健康
harmonia	調和		

Desejo a toda a família um ano repleto de felicidades.
ご家族の皆さんに、幸せな一年をお祈りいたします。
Desejo a vocês muita saúde e felicidade!
皆さんに、ご多幸と健康をお祈りいたします。

NOTA 2

ブラジルでもっとも有名な年越しの歌

Adeus ano velho	さようなら、去り行く年
Feliz ano novo	新年明けましておめでとう
Que tudo se realize	すべてが叶いますように
No ano que vai chegar	この来る年に
Muito dinheiro no bolso	ポケットにはたくさんのお金
Saúde pra dar e vender	人にあげたり売ったりするほどたくさんの健康

組み合わせ表現

一般にグリーティングカードは、その時々の決まった定型のあいさつを述べて、短い個人的なコメントをします。この二つの要素の例文をタイプ別にあげますので、書くことを思いつかない場合、気に入ったものをひとつずつ選んでメッセージを完成させてください。

▶ 定型のあいさつ

Feliz Natal.
楽しいクリスマスを。

Boas Festas de Natal.
素晴らしいクリスマスパーティーを。

Que Deus te abençoe nesta noite de Natal.
クリスマスの夜、神のご加護がありますように。

Desejo a todos um Feliz Natal e um maravilhoso Ano Novo!
メリークリスマス、そして素晴らしい新年をご祈念いたします。

Feliz Ano de 20XX.
20XX年（新年）のお慶びを申し上げます。

Desejo muita paz e prosperidade no Natal.
このクリスマスに平安と繁栄をお祈りします。

1 グリーティングカード

▶個人的なコメント

Que todos os seus desejos se realizem.
あなたのすべての夢が叶いますように。

Muito obrigado por tudo no ano passado.
去年はいろいろとありがとうございました。

Que este ano seja repleto de boas surpresas.
今年は素晴らしい出来事で満ちていますように。

Espero te encontrar no ano novo.
新年にお目にかかるのを楽しみにしています。

Que você sempre receba os melhores presentes.
いつも素晴らしいプレゼントがありますように。

A árvore de Natal da estação de Kyoto é belíssima. Se tiver oportunidade de vir a Kyoto no Natal, dê uma olhada sem falta.
　京都駅のクリスマスツリーは素晴らしいですよ。クリスマスに京都に来る機会があれば、見逃さないでください。

NOTA

干支

rato 子(鼠)	boi 丑(牛)	tigre 寅(虎)	coelho 卯(兎)
dragão 辰(竜)	serpente 巳(蛇)	cavalo 午(馬)	carneiro 未(羊)
macaco 申(猿)	galo 酉(鶏)	cachorro 戌(犬)	javali 亥(猪)

Que o ano do boi traga muitas felicidades.
丑年がよい年になりますように。
Desejo a você neste ano do boi muita paz e felicidade.
丑年が平和で幸せな年になりますように。

❷ イースターカード

イースター（Domingo de Páscoa）は、春分の日の後の最初の満月の次の日曜日です。本来、キリストの復活を祝うイベントで宗教的意味合いが強いのですが、昨今のブラジルでは、イースターはチョコレートのお祭りのようになり、チョコレートでできたイースターエッグを親しい人に贈りあう大事な日にもなっています。大切な人にチョコレートエッグにカードを添えて送ると喜ばれます。

イースターは移動祝日ですので、毎年日にちが変わります。事前にチェックしてくださいね。

▶ イースターカード

Querido Ricky,

Feliz Páscoa!

Que Deus esteja sempre com você.

Escolhi esse ovo de Páscoa especialmente para o meu querido netinho.

Vovó Júlia

愛しいリッキー、
楽しいイースターを！
神がいつもあなたと共にありますように。
このイースターエッグは大好きな孫のために特別に選びました。

ジュリアおばあちゃんより

組み合わせ表現

▶ 定型のあいさつ

Feliz Páscoa!
ハッピーイースター！

Hoje é Páscoa!
今日はイースターです！

Feliz Domingo de Páscoa!
イースターの日曜をお楽しみください！

Quem disse que só coelho pode desejar Feliz Páscoa? Eu também posso.
私もウサギと同じようにハッピーイースターと言えますよ。
(＊直訳：ウサギだけがハッピーイースターと言えると誰が言いましたか？ そんなことを誰も言わない、だから私も言えます)

1　グリーティングカード

▶個人的なコメント

Muitos ovos de chocolate para você!
あなたにたくさんのチョコレートを！

Espero que você não engorde comendo tanto chocolate!!
たくさんチョコを食べて太らないようにしてくださいね！

Depois da Páscoa a gente tem que malhar!!
イースターの後は、運動をしなくてはいけません！！

Esse é o dia mais feliz da minha vida.
私の人生でもっとも素晴らしい日です。

Não esqueci de você.
あなたのことを忘れていませんよ。

Um ovo de Páscoa especial para alguém especial como você.
あなたのように特別な人のための特別なイースターエッグです。

NOTA

ウサギがタマゴ？

ブラジルでは、イースター（復活祭）が近づくと、店頭では卵形のチョコレートでいっぱいになります。イースターカードに欠かせないイラストに、ウサギとタマゴがあります。おもしろい組み合わせですね。ですが、ちゃんと意味があります。ウサギは多産なので豊かさを象徴し、タマゴは生命・存続・復活を表すので、イエス・キリストの復活祭にはぴったりだと言えます。

❸ 母の日のカード

ブラジルでも日本と同様、「母の日」は5月の第2日曜に祝います。家族の結びつきがとても強いブラジル人、忘れてはいけない一日です。遠方にいる場合はカード一枚でも忘れないようにしたいものです。

実の母だけなく、「お姑さん」「ホストマザー」にも送ると喜ばれます。Você é a minha mãe do coração（私の心のお母さん）と添えると気持ちが通じます。Você tem um coração de mãe（あなたは母親の心を持っている）と言われるほど嬉しいものはありません。寛大で、とてつもなく広い心を持った人、というのは最高の褒

め言葉です。ブラジル人の家族に対する愛情表現は日本人より大げさなので、照れずに使ってみてください。

母の日のカードは、母親であれば誰にでも送っていいカードです。最近お母さんになった友達はいませんか？　母の日のカードを送るととても喜ばれますよ。

▶ 母の日のカード

Querida Mamãe,
Feliz Dia das Mães!
Muito obrigada por ter me dado luz,
alimento e muito amor.
Com muito amor,

Da **sua** filha Mary

大好きなお母さん、
母の日おめでとう！
私を生んで、おいしい料理を作り、たくさんの愛を注いで（与えて）くれて、本当にありがとう。
たくさんの愛をこめて、

あなたの娘のマリより

1 グリーティングカード

NOTA 1
感謝を表す構文

Muito obrigado por ...　　〜を本当にありがとう
Agradeço de coração por ...　〜を心から感謝します

NOTA 2
所有を表す語句

所有者	所有するもの			
	男・単	男・複	女・単	女・複
Eu（私）	meu*	meus*	minha*	minhas*
Você（あなた）	seu*	seus*	sua*	suas*
Ele（彼）	dele**			
Ela（彼女）	dela**			
Nós（私たち）	nosso*	nossos*	nossa*	nossas*
Vocês（あなたたち）	de vocês **			
Eles（彼ら）	deles **			
Elas（彼女たち）	delas **			

名詞との位置関係

① * ＋ 名詞
　　Sua filha　あなたの娘　　　　Meus pais　私の両親
　　Nosso sonho　私たちの夢
② 名詞＋ **
　　Presente dele　彼のプレゼント　　E-mail dela　彼女のメール
　　Convite de vocês　あなたたちの招待（状）

組み合わせ表現

▶ 定型のあいさつ

Feliz Dia das Mães!
母の日おめでとう！

Obrigado mamãe!
お母さんありがとう！

Hoje é o seu dia! Assim como os outros dias.
今日はあなたの日です！他の日と同じようにね。

Eu te amo mamãe!
愛しています、お母さん！

Adoro você, mãe!
お母さん、大好き！

Obrigado por ser minha mãe!
私の母でいてくれてありがとう！

Mãe é alegria, mãe é carinho, mãe é amor.
母は喜び、母は優しさ、母は愛情。

▶ 個人的なコメント

Obrigado por tudo.
いろいろとありがとう。

Obrigado por sempre estar do meu lado.
いつも私のそばにいてくれてありがとう。

Sem você eu não estaria aqui.
あなたなしでは私はここに存在していませんでした。

Você é a melhor mãe do mundo.
あなたは世界最高の母親です。

Muito obrigado pelo seu amor.
愛情を注いでくれて本当にありがとう。

Agradeço de coração por tudo que me fez até agora.
今までいろいろとしてくれて心から感謝しています。

❹ 父の日のカード

ブラジルの父の日は8月の第2日曜日。日本にいるブラジル人は、父親が日本にいる場合、日本風に6月の第3日曜日、ブラジルにいる場合はブラジル風に8月の第2日曜日に祝っているようです。

母の日と同様に父の日も、「実の父」「舅」「ホストファーザー」にも送ると喜ばれます。最近「お父さん」になった人にも適していますよ。

▶父の日のカード

Hoje é o seu dia, papai!
Você sempre esteve do meu lado quando eu precisava.
Eu te amo, pai!
De sua filha Tânia

パパ、今日はあなたの日よ！
私が必要な時はいつもそばにいてくれた。
パパ、大好き！
娘のタニアより

組み合わせ表現

▶定型のあいさつ

Feliz Dia dos Pais!	父の日、おめでとう！
Papai, você é meu herói!	お父さん、私のヒーロー！
Amo você papai!	お父さん、愛しています！
Não esqueci do seu dia!	あなたの日を忘れていませんよ！
Parabéns, paizão!	パパ、おめでとう！

> ▶ 個人的なコメント
>
> Sempre gostei de ouvir suas histórias!
> いつもあなたのお話を聞くのが大好きでした。
>
> Sempre preocupado com minhas notas e sempre vou agradecer por isso!
> いつも僕の点数を気にしてくれて、これからもずっと感謝します！
>
> Aprendi muito com suas broncas. Devo tudo a você, pai!!
> 叱られたことでとても成長しました。すべてお父さんのおかげです！
>
> Sempre lembro de você, papai.
> お父さん、いつもあなたのことを思い出します。
>
> Agora que sou pai, sei como foi difícil ser meu pai. Obrigado, pai!
> 父親になった今、僕の父親であることがどんなに大変だったかわかりました。
> ありがとう、お父さん。
>
> Você é pai nota 1000 (mil)!
> パパは1000点満点！
>
> Eu sou feliz por ser sua filha. Eu te amo, pai.
> あなたの娘で幸せです。お父さん、愛しています。

NOTA

愛情を示す表現

家族の間でも、愛情を示す表現は頻繁に交わされます。日本語では恥ずかしいなら、ポルトガル語で表現するのはいかがですか？

Eu te amo. 愛しています。
Eu te adoro. 大好きです。（＊本来は「崇拝する」という意味です）
Eu gosto muito de você. あなたのことが本当に好きなのです。

以下はカップル同士でのみ交わされる愛情表現です。
Estou apaixonado por você. あなたに恋しています。
Eu te quero muito. あなたが愛しくてたまりません。
Não vivo sem você. あなたなしでは生きていけません。

3　日常のカード

❶ 赤ちゃんの誕生祝い

▶ 誕生祝いのカード

> Maria e Pedro,
> **Meus parabéns pelo** nascimento do bebê!
> Estou ansiosa para ver as fotos.
> Muita felicidade e prosperidade a todos!
> 　　　　　　　　　　　　　　Kimiko

> マリアとペドロへ
> 赤ちゃんの誕生おめでとう！
> 写真を見るのが楽しみです。
> 皆さんの幸せと発展を！
> 　　　　　　　　　キミコより

NOTA

祝福表現

Meus parabéns pelo ...　　～おめでとう

「...」の部分に以下の単語を入れて使ってみましょう。すべて男性名詞です。

- noivado　婚約
- casamento　結婚
- emprego almejado　希望していた職
- sucesso no trabalho　仕事の成功
- aniversário　誕生日

女性名詞の場合は pelo を pela に変えます。

- formatura　卒業
- colação de grau　学位授与式

（* pelo は前置詞 por と男性定冠詞 o の縮合形、pela は前置詞 por と女性定冠詞 a の縮合形）

組み合わせ表現

▶ 定型のあいさつ

Meus parabéns!
おめでとうございます。

Meus parabéns pelo nascimento da Mari.
マリちゃんの誕生おめでとうございます。

Meus parabéns pelo nascimento do netinho.
お孫さんの誕生おめでとうございます。

Meus parabéns ao papai e à mamãe pelo tão esperado bebê.
パパとママに待望の赤ちゃん誕生、おめでとうございます。

Parabéns mamãe pelo nascimento da linda princesinha!
とてもかわいらしいお姫様の誕生、ママおめでとう!

O bebê chegou!
赤ちゃんが生まれました!

▶ 個人的なコメント

É a cara da mãe!
お母さんそっくり!

Tenha um maravilhoso dia depois do grande trabalho.
大仕事の後、素晴らしい一日をお過ごしください。

Estou muito feliz por vocês.
あなた方のことで、私もとてもうれしいです。

Vocês devem estar pulando de alegria!
飛び上がるほど喜んでいるでしょうね!

Desejo toda a felicidade do mundo para vocês três.
あなた方3人にありとあらゆる幸せがありますように。

Não posso esperar para conhecer o bebê.
赤ちゃんに早く会いたくてたまりません。

Muitas felicidades!
お幸せに!

É a melhor notícia que ouvi de vocês até agora.
あなたたちから聞いた中でも最高のニュースです。

NOTA 1

晩婚化・少子化のブラジル

女性の高学歴・社会進出で、ブラジル人女性の結婚平均年齢が27歳と高くなり、出生率は1.8と下がっています。高収入を得る女性が多い地域では出生率が0.8というデータもあるほど、ブラジルでも少子化は進んでいます。ですので、ブラジル人の知り合いに赤ちゃんが生まれたら、ぜひとも子宝に恵まれたことを祝福するメッセージを送ってください。

NOTA 2

名前ランキング

Certifixe(インターネット上の市民登録サイト)によると、子どもの名前ランキングベスト8は以下のようになっています(2008年)。

	男の子	女の子
1位	João	Maria
2位	Pedro	Ana
3位	Gabriel	Júlia
4位	Lucas	Yasmin
5位	Vitor	Vitória
6位	Matheus	Beatriz
7位	Guilherme	Letícia
8位	Luiz	Mariana

多くの人がカトリック教であるブラジル人ならではの、大天使や聖人、聖母の名前が上位にランクインされていますね。ちなみに、ブラジルでもっとも多い名字はSilvaだそうです。

❷ バースデーカード

▶ バースデーカード

Paulinha,
FELIZ ANIVERSÁRIO!!!
Você já é uma mocinha de 7 anos!! Meus parabéns!
Tia Yukie

パウラちゃん
ハッピーバースデー！！！
もう7歳のレディですね！！
おめでとう！
ユキエおばさんより

NOTA

年齢は基数詞で表現

Minha avó completou 77 (setenta e sete) anos ontem.
祖母は昨日77歳になりました。
Meus parabéns pelos 18 (dezoito) anos!　18歳、おめでとう！

0 (zero)	10 (dez)	20 (vinte)
1 (um / uma)	11 (onze)	21 (vinte e um / uma)
2 (dois / duas)	12 (doze)	30 (trinta)
3 (três)	13 (treze)	40 (quarenta)
4 (quatro)	14 (quatorze)	50 (cinquenta)
5 (cinco)	15 (quinze)	60 (sessenta)
6 (seis)	16 (dezesseis)	70 (setenta)
7 (sete)	17 (dezessete)	80 (oitenta)
8 (oito)	18 (dezoito)	90 (noventa)
9 (nove)	19 (dezenove)	100 (cem)

1　グリーティングカード

> Querido André,
> Meus parabéns pelo seu vigésimo aniversário!
> Desejo muitas felicidades daqui do Japão!!
>
> 　　　　　　　　　　　　　　Hiroko

> アンドレーへ
> 20回目の誕生日おめでとう！
> 遠く日本から幸福をお祈りします！
>
> 　　　　　　　　　　　　　ヒロコより

NOTA

定期的なイベント、順位、ビルの各階などの表現は序数詞

1回目	1º/ 1ª	primeiro(a)	20回目	20º/ 20ª	vigésimo(a)
2回目	2º/ 2ª	segundo(a)	30回目	30º/ 30ª	trigésimo(a)
3回目	3º/ 3ª	terceiro(a)	40回目	40º/ 40ª	quadragésimo(a)
4回目	4º/ 4ª	quarto(a)	50回目	50º/ 50ª	qinquagésimo(a)
5回目	5º/ 5ª	quinto(a)	60回目	60º/ 60ª	sexagésimo(a)
6回目	6º/ 6ª	sexto(a)	70回目	70º/ 70ª	setuagésimo(a)
7回目	7º/ 7ª	sétimo(a)	80回目	80º/ 80ª	octogésimo(a)
8回目	8º/ 8ª	oitavo(a)	90回目	90º/ 90ª	nonagésimo(a)
9回目	9º/ 9ª	nono(a)	100回目	100º/ 100ª	centésimo(a)
10回目	10º/ 10ª	décimo(a)			

11以上は「序数詞＋序数詞」で表します。例えば、「19回目の」décimo nonoと表現します。
なお、序数詞は名詞の性に合わせて変化します。「誕生日」はポルトガル語で男性名詞ですので、序数詞も「o」で終わります。女性名詞に使う場合は、序数詞の性も一致させてください。
略表記：男性形の場合は数字の後に「º」、女性形の場合は数字の後に「ª」を書きます。

A 29ª (vigésima nona) Olimpíada foi realizada em Beijing.
　第29回オリンピックは北京で開催されました。

Eu moro no 3º (terceiro) andar do apartamento. Seria o 2º (segundo) na contagem brasileira.
私はマンションの3階に住んでいます。ブラジル式のカウントでは2階になりますが。

組み合わせ表現

▶ 定型のあいさつ

Feliz aniversário!
ハッピーバースデー！

Parabéns para você!
おめでとう！

Meus parabéns pelo aniversário! Hoje é seu dia!
誕生日おめでとう！　今日はあなたの日です！

Aproveite o seu aniversário! É só uma vez por ano.
お誕生日を楽しんでください！　一年に一回ですよ。

▶ 個人的なコメント

Desejo de coração que tenha um feliz aniversário.
幸福な誕生日を迎えられることをお祈りしています。

Me esqueci do seu aniversário. Mas esse cartão será o primeiro do ano que vem!　誕生日、忘れていました。でも、このカードは来年の最初のバースデーカードになるでしょう。

Que tal eu comemorar seu aniversário junto com você?
私があなたと一緒に誕生日を祝うことをどう思いますか？

Eu posso ser um bom presente!
私は素敵なプレゼントになると思いますよ！

Os anos passam e você continua a mesma pessoa.
年月は過ぎるけれど、あなたは変わりませんね。

Apesar da idade você continua um gato!!
年齢の割に、あなたはまだまだハンサムです！

Não pense que está envelhecendo. Você está ficando melhor a cada dia.
年をとっていると考えないでください。一日毎によくなっているのですよ。

NOTA 1

ブラジルのバースデーソング

英語のバースデーソングのメロディーに合わせて歌います。歌詞もとても素敵ですので、ぜひ覚えてください。

Parabéns pra você	おめでとう
Nesta data querida	この素晴らしい日に
Muitas felicidades	たくさんの幸福と
Muitos anos de vida	末長い人生を
Viva ___(名前)___ !	___(名前)___ 、おめでとう！

NOTA 2

カードと一緒にプレゼント

プレゼントに添えるカードも、心をこめて一言書いてみましょう。

É um presentinho para você. Espero que goste.
ささやかなプレゼントです。気に入ってくれるといいんだけど。
É só uma lembrancinha. ちょっとしたものです。
Preparei um presente especial para alguém especial para comemorar esta data especial.
この特別な日を祝って、特別なあなたに特別なプレゼントを用意しました。

❷ 恋人の日のカード

ブラジルの恋人の日は6月12日。恋人がいる人はプレゼントにカードを添えて恋人に送ります。恋人ではないけれど、意中の人がいれば、その人に愛情やユーモアあふれる恋人の日のカードを送ってみてはいかがですか。

▶ 片想いのカード

Bruno,

Muitas vezes nos cruzamos, outras tantas nos olhamos,

E você continua tão longe sem notar o quanto eu te amo.

Feliz Dia dos Namorados!

De sua Bela Adormecida

ブルノ、
何回も出会い、何回も視線を交わしたことがあるのに、あなたは私がどれだけあなたを愛しているか知らず、遠く離れています。
恋人の日、おめでとう！

あなたの眠り姫より

▶ 両想いのカード

Querida Maria,

Hoje é um ótimo dia para te dizer outra vez:

Te amo!

Feliz Dia dos Namorados!

Do seu eterno apaixonado Lucas

愛しいマリア、
今日という日は、もう一度言うのに最適だ：
愛している！
恋人の日、おめでとう！

永遠(とわ)に恋する　ルーカス

組み合わせ表現

▶ 定型のあいさつ

Eu te amo!
愛しています。

Hoje é o nosso dia!
今日は私たちの日ですよ。

Você achou o seu par ideal! EU!
あなたに理想的な相手を見つけました！　私です！

Estou precisando de alguém que me faça feliz. Que tal ser você?
私を幸せにしてくれる人が必要です。あなたではどうですか？

Só o cupido vai fazer você olhar para mim?
あなたに振り向いてもらうにはキューピッドの助けが必要でしょうか？

▶ 個人的なコメント

Minha timidez me impede de dizer o que sinto.
私はシャイだから、感じていることを言葉にするのが難しいのです。

Só você pode juntar os pedaços do meu coração.
私の壊れたハートを修復してくれるのはあなただけです。

A melhor coisa do mundo é estar apaixonado por você.
この世でもっとも素晴らしいことはあなたに恋することです。

Estou sentindo sua falta.
あなたに会えなくてさみしいです。

Queria saber voar para te encontrar agora mesmo.
今すぐにあなたの元へ飛んで行きたい。

NOTA

ブラジルの「恋人の日」

ブラジルの恋人の日は6月12日。愛の守護者、縁結び・結婚式の聖人でもある「聖アントニオの日」の前日です。ブラジルでは聖アントニオにまつわるさまざまな愛のおまじないがあります。ここでは、ブラジル風に「すぐにでも恋人が欲しい」と思う人にぴ

ったりのおまじないを紹介しますので、興味がある方はチャレンジしてください。
① 聖アントニオの像（幼子イエスを膝に抱いている）を手に入れる。
② イエスを聖アントニオの膝から下ろし、恋人ができたら返す、とお願いする。
または、像を逆さまに吊るし、恋人ができたら元に戻す、とお願いする。

4 インターネットでグリーティングカード

　コンピュータを持っている人が多くなってきました。インターネットでカードを書いてみるのもどうでしょうか。グリーティングカードを送れるサイトは数多くあるのですが、ここでは、インターネットでグリーティングカードを送る方法を紹介します。

　まずは、Cartões（カード）、Cartões virtuais（バーチャルカード）をキーワードに検索してグリーティングカードのサイトにアクセスしましょう。数多くのサイトがありますので、イラストやメッセージを比較したり、眺めるだけでも楽しいものです。

　送り方はとても簡単です。

① まず、いろいろなカードの種類から、送りたいテーマのものを選びます。ここでは、いくつかのキーワードを紹介します。

Parabéns　おめでとう	Amor　愛
Amizade　友情	Boas vibrações　幸運
Personalidades　有名人	Crenças　宗教
Épocas do ano　季節	Signos　星座
Humor　ユーモア	Convites　招待
Futebol　サッカー	Arte　アート
Fim de ano　年末	Bichos　ペット
Turismo　旅行	Música　音楽

② その中から、好きなデザインを選んで、自分の名前とメールアドレス、それから相手の名前とメールアドレス、そして一言メッセージを入れます。

De	〜より
Para	〜へ
Nome	名前
E-mail	メールアドレス
Mensagem	メッセージ

③ あとは、送るだけでOKです。

Enviar（送信する）ボタンをクリックしてください。

送る前にどんなカードになっているか見る場合は、Visualizar（見る）ボタンをクリックしてください。

NOTA 1

既存のカードに気をつける

気の利いた内容のカードを見つけるのが、カード探しの醍醐味です。ネット上にはさまざまなカードがあふれています。ただ、ポルトガル語の場合、辛口のユーモアや二重の意味を含んでいて冗談がきついものもたくさんあります。もちろん冗談を喜んでくれる相手にはお勧めしますが、相手は文面からあなたが特別に選んでくれたと思って読むということを頭に入れておきましょう。いくらイラストが気に入っても、文章の意味が不明確なカードを送るのは危険です。例えば、こちらが友達カードを送ったつもりでも、相手は恋人カードだと勘違いすることもあり得ます。相手に誤解を与えたり、反対に気分を損ねたりしたら、せっかくのあなたの気持ちも台無しです。気をつけて選びましょう。

NOTA 2

お祝いのカードには、差出人の心のこもったメッセージを伝えるのが目的です。スペースが残ったからといって、ついでにほかのことを書くのはタブーです。そのスペースも余韻を残す意味で、大変効果的ですので、カードの隅々までぎっしり書かないようにしましょう。

2 絵はがき

　絵はがきの主役は絵や写真というビジュアルなものです。Estou em Salvador!（サルバドールに来ています！）と発信するだけでも、旅先で相手のことを思い出している、と充分相手に気持ちが伝わります。
　スペースが限られているはがきには長々とした近況報告は不要です。ゆっくりと手紙を書く時間がない場合や、あまり書くことがない時に、手軽に出せる非常に便利な通信手段です。旅先からの絵はがきはもらうとドキドキします。風景だけでなく、写真やイラストなど絵はがきの種類はとても豊富で、出す相手に合わせて選ぶのはとても楽しいものです。

1 送り方のポイント

❶ 手書きで短く書きましょう。

　文章はいくら短くてもかまいません。大きめの字で書けば一行の文章でも形になります。内容は絵はがきの絵や写真の意味合いを伝えることを第一に考えて、シンプルにまとめて短く書いてみましょう。

❷ あまりプライベートな情報は書いてはいけません。

　はがきは親しいもの同士でやり取りされるものですが、封のないはがきは誰にでも読むことができます。プライベートな情報や立ち入ったこと、または失礼な内容は書いてはいけません。礼状としてはがきを使う場合は、封筒に入れて送るほうがきちんとしたお礼の気持ちが伝わります。

❸ タイムリーに書きましょう。

　旅先で見つけた絵はがきを出すときは、その土地の郵便局から出したほうが喜ばれます。また、美術館めぐりの感動を伝えたり、季節を伝えたり、または、日本独特の風習についての絵はがきをブラジルにいる人に送るのも感激されます。

❷ はがきの書き方

特にルールはありませんので、以下の点を中心に、短くまとめたらいいでしょう。

❶ 旅先の場合

●今どこにいるのか

> Estou na Foz do Iguaçu.　イグアスの滝に来ています。

> Advinha onde estou. Estou no Monte Fuji!
> 私がどこにいるかわかるでしょうか。富士山にいます！

> Acabei de chegar no Rio.　リオに着いたところです。

> Estou em Okinawa desde domingo passado.
> 先週の日曜日から沖縄に来ています

> Vim a Sapporo com minha amiga para ver o festival de neve.
> 雪祭りを見に、友達と札幌に来ました。

●はがきの絵や内容の説明

> Esta é a foto do castelo Himeji. Foi tombado patrimônio mundial e é chamado também de castelo da garça branca.
> これは姫路城の写真です。世界遺産に登録されていて、白鷺城とも呼ばれています。

> A praia de Okinawa é muito bonita. Ainda não conheço a praia brasileira, mas, será que é tão bonita como aqui?
> 沖縄の海はとてもきれいです。ブラジルの海はまだ見たことがありませんが、このように美しいのでしょうか？

> Há muitos templos antigos em Kyoto como esse.
> 京都にはこのような古いお寺がたくさんあります。

> É a imagem do castelo de Osaka. Ficou bonito depois da reforma.
> 大阪城の写真です。修復されてきれいになりました。

●今日したことや、これからの旅程や感想

> Pretendo escalar o Monte Fuji amanhã.
> 明日富士山に登るつもりです。

Aqui é realmente maravilhoso. Estou me divertindo bastante.
ここは本当にすばらしくて、私はとても楽しんでいます。

Gostaria que você estivesse comigo aqui.
あなたも一緒にここにいて欲しかった。

Voltarei daqui a uma semana. Vamos nos encontrar.
一週間後に帰ります。また会いましょう。

Partirei para a Coreia daqui a dois dias.　2日後に韓国に行きます。

＜旅行・自然の感想＞に関連する表現

Foi muito divertido. Tivemos momentos inesquecíveis.
とても楽しかったです。忘れられない思い出になりました。

Estava super lotado. Tinha muita gente.
とても混雑していました。人が大勢いました。

Estava cheio de turistas como nós.
私たちのような観光客でいっぱいでした。

O tempo estava bom, mas o local estava quase deserto.
いい天気でしたが、場所はガラガラでした。

Andei pela cidade e fiquei muito cansado. Meus pés estavam me matando.　町を歩き回ってとても疲れました。足が棒のようになりました。

Peguei um sol e fiquei bronzeada. Estou moreninha!
日光浴をして日焼けしました。小麦色の肌になりました！

Fiquei muito queimada ao sol.　日焼けがひどかったです。

Tudo custava os olhos da cara e não pude comprar quase nada.
何でも目が飛び出るほど高くて、私はほとんど何も買うことができませんでした。

Comi demais na viagem. Mas era tudo tão gostoso...
旅行中食べ過ぎました。全てがとても美味しくて…

Adorei todos os lugares. Foi muito emocionante passear pelas ruínas.　どこも素晴らしかったです。遺跡巡りはとても感動的でした。

Esperamos mais de uma hora na fila, mas valeu a pena.
1時間以上も列に並びましたが、その甲斐はありました。

Fiquei fascinada com o espetáculo dos saltimbancos. Nunca vi igual. 　大道芸に見入ってしまいました。今まで見たことがありませんでした。

O desfile do carnaval foi fantástico. Cores, música e muita mulher bonita. 　カーニバルのパレードは素晴らしかったです。色彩、音楽、そしてたくさんの美しい女性。

O pôr do sol era magnífico. Era um cenário de suspirar.
夕焼けは見事でした。ため息が出るほどの景色でした。

Não tenho como descrever. 　筆舌に尽くし難いです。

Fiquei de olhos arregalados. 　目が丸くなるほど驚き感動しました。

Me fez sentir que os humanos são insignificantes.
人間なんてちっぽけなものだという気分になりました。

As flores selvagens eram graciosas.
野生の花がとても可愛らしかったです。

As folhas estavam se tornando rubras. 　葉が紅葉していました。

As cerejeiras estavam em plena floração. 　桜が満開でした。

Vi muitas espécies raras de peixes. 　珍しい魚の種類をたくさん見ました。

Ouvi o canto dos pássaros e me relaxei com o som do rio.
小鳥の鳴き声を聴き、川の音に癒されました。

O topo da montanha estava coberto de neve.
山の頂上は雪に包まれていました。

Senti como um membro da natureza. Gostaria de retornar aqui com você. 　自然の一部だと感じました。あなたと一緒にここに戻ってきたいです。

É uma pena não ter um lugar assim no Japão.
日本にこんな場所がないなんて残念です。

❷ 日本の様子を絵はがきで知らせる

異国のブラジルにいる友人に日本の様子を伝えるのに、写真を撮って手紙に同封するのもいいのですが、絵はがきを使って簡単に同じことができます。最近では、自宅でプリントできる葉書もたくさん出回っていますので、上手に使いこなしたいですね。

Kyoto está assim. As cerejeiras em plena floração, uma beleza de tirar o fôlego!
今京都はこんな感じです。桜が満開で、息が止まるほどの美しさですよ！

São as folhas rubras e amarelas do outono japonês. Aqui é Arashiyama, um local famosíssimo de Kyoto para apreciar as folhas outonais. Gostaria de ir um dia, mas infelizmente ainda não tenho tempo. 日本の秋の紅葉です。ここは京都のとても有名な紅葉スポットの嵐山です。行きたいけれど、残念ながらまだ行く時間がありません。

Esse é o Salão Fênix, do templo Byodo-in, que fica em Uji, perto de Kyoto. O edifício se reflete no lago em frente e é muito bonito. Vou lhe enviar um dia uma moeda de 10 ienes. Você vai encontrar a imagem do templo nela.
京都の宇治にある平等院の鳳凰堂です。すぐ前の池に反射していて、とてもきれいです。いつか10円玉を送ります。コインに平等院の姿を見ることができますよ。

❸ ポルトガル語で日本を紹介

日本の文化や観光名所を紹介する絵はがきはたくさんあります。そういうはがきにちょっとした紹介をポルトガル語で書くと喜ばれること請け合いです。ここでは、ポルトガル語の紹介文リストと、その後に添える気の利いたフレーズを紹介します。

阿波踊り	O *awa-odori* é um dos três festivais mais famosos do Japão. Realiza-se todos os anos, durante quatro dias, entre 12 e 15 de agosto, em Tokushima, na Ilha de Shikoku. 阿波踊りは日本三大祭の一つです。毎年8月12日から15日までの4日間、四国の徳島で開催されます。 ＊ Eu adoro a dança que diz: "Bobo quem dança, bobo quem vê; se são bobos do mesmo jeito, venha dançar também." 「踊る阿呆に見る阿呆、同じ阿呆なら踊らにゃ損損」というこの踊りは私のお気に入りです。 ＊ É uma dança muito alegre. O awa-odori tem o mesmo compasso binário que o samba, por isso, acho que você irá dançar com facilidade. とても元気がいい踊りです。阿波踊りもサンバと同じく2拍子なので、あなたもとても踊りやすいと思います。

出雲大社	Izumo taisha é um antigo e reverenciado santuário xintoísta. É dedicado a *Okuni-nushi-no-mikoto*, também conhecido como divindade casamenteira. 出雲大社は古い歴史を持つ由緒正しい神社です。祀られている大国主命は縁結びの神様としても知られています。 ＊ Há alguma divindade casamenteira no Brasil também? 　ブラジルにも縁結びの神様はいますか？ ＊ Aqui no santuário, as pessoas jogam moedas dentro do shimenawa gigante. Se entrar, você terá um bom casamento. Venha tentar! 　ここでは、巨大なしめ縄にお金を投げ入れます。入れば、良縁に恵まれるそうです。チャレンジしに来てください！
伊賀	Aqui é Iga-Ueno, local de origem dos ninjas. Ninjas foram os espiões mais temidos da época feudal do Japão. ここは忍者の発祥の地、伊賀上野です。忍者とは日本の封建時代でもっとも恐れられていたスパイたちです。 ＊ Aqui é também a terra natal do lendário poeta de haicai Matsuo Basho. 　ここは伝説的な俳人松尾芭蕉の生まれの地でもあります。 ＊ Eu adorei o Museu Iga Ninja, com demonstrações de métodos de combate utilizados na época.　伊賀流忍者博物館は最高です。昔の戦い方のデモンストレーションもありました。
一富士二鷹 三なすび	Os melhores sonhos no primeiro dia do ano são definidos na ordem seguinte: primeiro o Monte Fuji, em segundo falcão, e em terceiro berinjela. 初夢で見るもっとも良いとされる夢は次の順になっています：一番目に富士山、二番目に鷹、三番目になすびです。 ＊ Qual foi o seu sonho deste ano? 　今年、あなたは何の夢を見ましたか？ ＊ Há alguma superstição deste tipo no Brasil? 　ブラジルにはこのような迷信はありますか？ ＊ É bom sonhar com o quê, no Brasil? 　ブラジルでは何の夢がいい夢ですか？

鵜飼い	*Ukai* é um tipo de pesca tradicional de *ayu*, um peixe de água doce, usando cormorões. É realizado de meados de maio a meados de outubro. A pesca no rio Nagara, da província de Gifu, é o mais famoso do Japão. 鵜を使って鮎を獲る伝統的な漁です。5月半ばから10月半ばまで行われます。岐阜県の長良川での鵜飼いが日本でもっとも有名です。 ✻ Foi deslumbrante.　とても幻想的でした。
浮世絵	*Ukiyoe* são ilustrações coloridas mostrando a vida e o cenário do dia-a-dia do Japão antigo, do período Edo. Vem ganhando fama entre os colecionadores, tanto domésticos como do exterior. 日本の江戸時代の日常生活や風俗を描く色とりどりの絵画です。国内外のコレクターにとても人気があります。 ✻ Você que gosta de pintura, deve gostar também deste tipo de arte. あなたは絵画が好きなので、きっとこのようなアートは気に入ると思います。 ✻ Terá uma exposição de ukiyoe no próximo mês em Tokyo. 来月東京で浮世絵展がありますよ。
干支	Cada um dos anos do ciclo de 12 anos possui um animal simbólico chamado de *eto*. Os 12 animais são: *ne* (rato), *ushi* (boi), *tora* (tigre), *u* (coelho), *tatsu* (dragão), *mi* (serpente), *uma* (cavalo), *hitsuji* (carneiro), *saru* (macaco), *tori* (galo), *inu* (cachorro) e *i* (javali). 干支では、12年のサイクルでそれぞれの年に動物の名前が付いています。12の動物たちは、ね（鼠）、うし（牛）、とら（虎）、う（兎）、たつ（龍）、み（蛇）、うま（馬）、ひつじ（羊）、さる（猿）、とり（雄鶏）、いぬ（犬）、い（猪）です。 ✻ Os japoneses têm o costume de enviar cartões de ano novo com o desenho desse animal. 日本人はその動物の絵を年賀状に書く習慣があります。 ✻ Este ano é o ano do boi.　今年は丑年です。

	✱ Você sabe o seu signo do zodíaco chinês? あなたは自分の干支を知っていますか？
絵馬	*Ema* são pedaços de madeira com desenhos de cavalo e outros onde se escrevem os pedidos em templos e santuários. 絵馬は、お寺や神社で願い事を書く、馬などの絵が描かれた木の板のことです。 ✱ Qual é o seu desejo?　あなたの願い事は何ですか？ ✱ Se fosse você, o que escreveria? あなただったら、何を書きますか？
縁日	*Ennichi* são festividades de templos e santuários, com muitas barraquinhas de doces e brincadeiras 縁日はお寺や神社で行われるお祭で、お菓子やゲームなどの屋台がたくさんあります。 ✱ Eu adoro essas festividades. 私はこんな催し物が大好きです。 ✱ Ouvi dizer da quermesse no Brasil. Deve ser igual, não? ブラジルのケルメッセについて聞きました。同じようなものでしょうか？
おせち料理	O *osechi-ryōri* é um prato especial servido à família e aos visitantes nos três primeiros dias do ano novo. Os pratos são dispostos em camadas. Alguns pratos característicos do *osechi-ryōri* são: *kamaboko* (pasta de peixe cozido), *kinton* (batata-doce moída), *kobumaki* (rolo de alga), raiz de lótus, inhame, salada de nabo e cenoura ao molho de vinagre, entre outros.　おせち料理はお正月の三が日に、家族やお客様と食べる特別な料理です。料理は重箱に入れられています。かまぼこ、きんとん、だてまき、レンコン、サトイモ、紅白なますなどがおせち料理の代表的な料理です。 ✱ O que se come no Brasil no ano novo? ブラジルではお正月に何を食べますか？ ✱ Há alimentos com algum significado? 何か意味がある食べ物はありますか？

お雑煮	O *ozoni* é uma sopa que se come no ano novo, à base de *mochi*, vegetais, frutos do mar e, às vezes, carne. お雑煮はお正月に食べる、餅や野菜、海の幸や肉類などを入れたスープのことです。 ✸ Nesse frio japonês, é uma delícia. 日本のこの寒さではとても美味しいです。 ✸ A composição da sopa difere de região a região. Em casa colocamos *mochi* com feijão doce dentro. お雑煮の具は地域によって違います。うちではあんもちを入れます。
お月見	Na lua cheia mais bonita do ano, que cai no dia 15 de agosto do calendário lunar, é um costume contemplar essa lua cheia, fazendo o *otsukimi*, oferecendo a ela bolinhos de arroz, inhame, entre outros. 旧暦の8月15日は一年でもっともきれいな満月が見られ、お団子や里芋をお供えしてお月見をする風習があります。 ✸ Dizem no Japão que vivem coelhos na lua fazendo os bolinhos de arroz. 日本では、月にウサギが住んでいて、餅つきをしていると言われています。
お歳暮	*Oseibo* são produtos enviados no final do ano em forma de agradecimento por mais um ano de relações. A época de enviar os presentes é entre 10 e 25 de dezembro. お歳暮は1年間お世話になったことを感謝する贈り物のことです。プレゼントを贈る時期は12月の10日から25日くらいまでです。 ✸ Enviamos para muita gente nessa época. Acho que foi uma idéia das grandes lojas. この時期、たくさんの人に送ります。大手の店のアイディアじゃないかと思っています。
お年玉	*Otoshidama* é o presente em dinheiro do ano novo, dado às crianças.　お正月に子供にプレゼントする現金のことです。 ✸ O que se presenteia às crianças no Brasil no ano novo? ブラジルでは新年に子供に何をプレゼントするんですか？ ✸ As crianças japonesas são ricas. Recebem dos pais e dos

		avós e tios de ambas as partes. 日本の子供たちはお金持ちですよ。両親、両方のおじいちゃんおばあちゃんたちと、おじさんおばさんたちから貰うんですから。
お遍路		A peregrinação a lugares budistas, chamada de *ohenro*, é muito popular. Os peregrinos se vestem de branco, vão de um lugar a outro, e a viagem pode levar muitas semanas. 巡拝地を回るお遍路はとてもポピュラーです。巡拝者は白い服を着て、一か所ずつ回り、その巡拝は何週間もかかることがあります。 ＊ Essa é a foto da peregrinação aos 88 templos de Shikoku.　これは四国の88か所めぐりの写真です。
お盆		*Obon* é um evento anual budista dedicado aos espíritos dos ancestrais, realizado em meados de agosto. お盆は8月の中旬に毎年行われる、祖先の霊のための仏教の行事です。 ＊ No feriado de obon, todo lugar fica repleto de gente. É difícil voltar para casa ou mesmo viajar para algum lugar. お盆休みはどこもいっぱいで、実家に帰るのも大変、遊びに行くのも大変です。
折り紙		O origami é uma brincadeira tradicional japonesa de dobradura de papel, produzindo diversos formatos. 折り紙は紙を折って、色んな形を作る日本伝統の遊びです。 ＊ A forma mais conhecida do origami é a garça. A garça é uma ave que simboliza longevidade. 一番知られている折り紙は鶴です。鶴は長寿を象徴する鳥なのです。 ＊ O origami de mil garças simboliza a paz e saúde. Eu presenteei as mil garças uma vez a um amigo que estava internado. 千羽鶴は平和と健康の象徴です。以前、入院していた友達に千羽鶴をプレゼントしたことがあります。
柏餅		*Kashiwamochi* é um bolinho de arroz recheado com feijão doce e embrulhado em folha de carvalho. As folhas de carvalho são usadas pelo fato das folhas velhas nunca caírem sem que nasçam folhas novas, por isso, ela tem como sig-

柏餅	nificado nunca faltar herdeiros. 柏餅は柏の葉っぱに包んだ、甘い餡入りのお餅のことです。柏の葉は新芽が育つまで古い葉が落ちないということから使われ、子孫が途切れない、という意味を含んでいます。	
	✱ Além do kashiwamochi, aqui onde moro costumamos comer chimaki, que é um cozido de arroz embrulhado em folha de bambu. 柏餅の他に、私が住んでいるところでは、笹の葉にごはんをくるんだちまきも食べます。	
鏡餅	O *kagami-mochi* é um enfeite do ano novo com dois *mochi*, um menor sobre outro maior. É uma oferenda colocada no altar, com demais ornamentos, geralmente a laranja *daidai* e algas. 鏡餅は大小二つの餅を重ねた新年の飾りものです。橙や昆布なども飾り、神棚などに供えます。	
	✱ Vocês ornamentam alguma coisa no Brasil no ano novo? ブラジルでは新年に何か飾りますか？	
	✱ No Brasil não deve ter o costume de comer bolinho de arroz. Prove uma vez. Você vai adorar. ブラジルではお餅を食べないと思いますが、一度食べてみてください。きっと好きになりますよ。	
門松	*Kadomatsu* é um ornamento do ano novo feito com ramos de pinheiro (símbolo de longevidade), haste de bambu (símbolo de sucesso) e galhos de ameixa (símbolo de prosperidade). 門松は、松（長寿のシンボル）、竹（出世のシンボル）、梅の枝（繁栄のシンボル）で作られるお正月の飾りものです。	
	✱ Encontramos ornamentos grandes na frente das lojas de departamento. デパートの前に大きな門松が飾ってあります。	
	✱ Passe na frente das grandes lojas uma vez. 一度大きなお店の前を通ってください。	
歌舞伎	O teatro *kabuki* data do século XVII e é uma das artes tradicionais mais populares do país. Trata-se de uma combinação	

歌舞伎	de músicas e danças, com roupas e acessórios muito coloridos. A maquiagem exagerada do *kabuki* intensifica as emoções que os atores desejam transmitir ao público. 歌舞伎演劇は17世紀から演じられ、日本でもっともポピュラーな伝統芸能の一つです。カラフルな衣装やアクセサリーを、歌や踊りと組み合わせています。歌舞伎の大胆な化粧は俳優が観客に伝えたい感情を印象付けるためのものです。 ✳ Os papéis femininos são desempenhados por atores (todos homens). Mas são bonitas! 男性俳優（全員男性です）が女性の役をするんですが、とてもきれいですよ！ ✳ Vindo no Japão, você não pode perder. 日本に来たら、見逃さないでください。
カラオケ ボックス	O karaokê foi criado no Japão em finais dos anos 70. O karaokê box é um local onde as pessoas apreciam cantar em grupos pequenos em uma sala privada. Os quartos de karaokê são alugados por hora e é possível pedir bebidas e comidas. カラオケは70年代後半に日本で生まれました。カラオケボックスは個室で皆とカラオケを楽しむ場所です。カラオケルームは時間単位で借りることができ、飲み物や軽食を頼むことができます。 ✳ O karaokê é uma ótima forma de acabar com o estresse. カラオケはストレス解消に最高です。 ✳ As músicas mais populares são as músicas pops japonesas.　一番人気があるのは日本の歌謡曲です。 ✳ Tem karaokê no Brasil? Como vocês se divertem? ブラジルではカラオケというものはありますか？どのように楽しんでいますか？
漢字	*Kanjis* são caracteres provenientes da China e todos têm seu próprio significado. Você poderá conhecer o significado dos nomes japoneses a partir de seus caracteres chineses. 漢字は中国から来た文字で、それぞれ意味があります。漢字から名前の意味が分かることもあります。

漢字	✻ Por exemplo, o meu nome é Sachiko e possui dois caracteres chineses. O primeiro significa "felicidade" e o segundo "criança". 例えば、私の名前は幸子ですが、二つの漢字があります。最初の漢字は「幸せ」を、次の漢字は「子ども」を意味します。
祇園祭	O *gion-matsuri* é o maior festival de Kyoto. As ruas se enchem para o desfile de fabulosos carros alegóricos no dia 17 de julho. 祇園祭は京都の最大のお祭りです。7月17日の山鉾巡行には道が人で混み合います。 ✻ O acompanhamento musical chamado *gion-bayashi* é único, com o som *kontiki-tin*. 祇園囃子は独特で、コンチキチンという音色です。
着物	Esta mulher veste um quimono formal, chamado *furisode*. O quimono de mangas compridas é usado somente por mulheres jovens e solteiras. この女性は振袖という名前のフォーマルな着物を着ています。この袖の長い着物は若くて未婚の女性しか着ません。 ✻ Atualmente, o quimono é utilizado somente em ocasiões especiais. 今では着物は特別な時にしか着ません。 ✻ Os japoneses usam o quimono em casamentos, funerais, cerimônia de maioridade e ano novo. 着物を着るのは結婚式、葬式、成人式、新年などです。 ✻ Olha este quimono! Não é lindo? この着物を見て！　素敵でしょう？ ✻ As crianças comemoraram o Festival *Shichi-go-san* (7, 5, 3 anos) e fomos rezar no templo perto de casa. 子供たちの七五三を祝って、近くのお寺にお参りに行きました。
浴衣	O *yukata* é um quimono informal feito de algodão. 浴衣は綿でできたインフォーマルな着物です。 ✻ Os hotéis de estilo japonês preparam os yukatas aos seus hóspedes. É uma delícia vesti-los.

	日本の旅館ではお客さんに浴衣が用意されています。とても気持ちいいですよ。
芸者	*Gueixa* é uma artista profissional que se apresenta com instrumentos musicais e danças tradicionais. 芸者は伝統的な楽器や踊りを披露する女性のエンターティナーです。 ✱ Há muitas lojas de aluguel de trajes. Que tal passearmos por Kyoto uma vez vestidas de gueixa? レンタル衣装店がたくさんあります。芸者の衣装を着て京都の街を散策してみませんか。
下呂温泉	É uma das três termas mais conhecidas do Japão. 日本でもっとも知られている三大温泉のひとつです。 ✱ Aqui é uma maravilhosa cidade-spa. ここは素晴らしい温泉街です。
兼六園	Esse é um dos três mais bonitos jardins do Japão. *Kenrokuen* significa 6 qualidades, que são o espaço, reclusão, um ar de antiguidade, ingenuidade, água corrente, e vistas. ここは日本でもっとも美しい三大庭園のひとつです。兼六園は「宏大」「幽邃」「蒼古」「人力」「水泉」「眺望」の六勝を意味しています。 ✱ Muitas das árvores estão protegidas do inverno por tendas de corda. 冬の寒さから守るためにたくさんの木が雪つりをしています。 ✱ Juntamente com o castelo Kanazawa, o *Kenrokuen* é tombado patrimônio cultural de Kanazawa. 兼六園は金沢城と共に、金沢の文化遺産です。
碁	O *go* é um jogo tradicional japonês que se utiliza de pedras negras e brancas. Vence aquele que conseguir um território maior com sua pedra, em comparação a seu adversário. 碁は黒と白の石を使う日本の伝統的なゲームです。自分の石で作った領域が相手よりも多ければ勝ちます。 ✱ Há jogos de *go* na internet. Se você gosta de jogos, que tal aprender a jogar? Eu o recomendo. インターネットで碁が打てますよ。ゲームが好きだったら覚えてみてください。お勧めします。

五重塔	Esse é o pagode de 5 andares. Pagodes encontrados nos templos abrigam relíquias de Buda, como fragmentos de osso. A relíquia é geralmente escondida na base do pilar central. Infelizmente, o acesso aos andares superiores normalmente é proibido. これが五重塔です。寺院などにある五重塔はブッダの遺骨が祀られています。仏舎利は中心の柱の下に安置されているようです。残念ながら、上層に登ることは普通、禁止されています。 ✱ Há tantos pagodes no Japão. Venha conhecer o de Nara. 日本にはこのような塔がたくさんあります。奈良の塔を見に来てください。
こたつ	O *kotatsu* é um aquecedor japonês combinado com uma mesa baixa. Nós colocamos os pés para aquecer, dentro do aquecedor elétrico coberto com cobertores próprios. こたつは日本の暖房器具で、低いテーブルとセットになっています。私達はこたつ布団をかけたこの暖房器具の中に足を入れて暖まります。 ✱ Que frio! Nada melhor do que um *kotatsu* no inverno. 寒い。冬にはこたつが一番。 ✱ Uma vez lá dentro, ninguém me tira!! 一度中に入ったら、そこから出たくなくなります！
支笏洞爺国立公園	O parque nacional Shikotsu-toya tem vulcões ativos, inativos e fontes termais. Os parques nacionais são a atração de Hokkaido, ainda com uma rica natureza nativa. 支笏洞爺国立公園には活火山や休火山、温泉地があります。豊かな天然の自然が残る国立公園は北海道の魅力です。 ✱ Você vai se sentir em casa.　家にいるように感じると思います。 ✱ Depois daqui, tive vontade de ir ao Pantanal. ここを見てから、パンタナールに行きたくなりました。 ✱ É um ótimo lugar para o ecoturismo. エコツーリズムには最適な場所です。
座禅	A meditação é o fundamento do *zazen*. Limpar a mente de pensamentos mundanos é o caminho para a iluminação. Os monges usam um pedaço de madeira chamado *keisaku* para

	bater nos ombros de quem perder a concentração. 瞑想が座禅の基本です。煩悩を頭から切り離すことで、悟りが開けます。僧たちは警策と呼ばれる棒で、集中力が途切れた人の肩を打ちます。 ✻ Fui meditar. Foi uma experiência muito interessante. 　瞑想をしてきました。とても興味深い経験でした。
七福神	*Shichifukujin* são os sete deuses que trazem sorte, felicidade, tesouro, etc. O nome deles são: Ebisu, Daikokuten, Bishamonten, Benzaiten, Fukurokuju, Juroojin e Hotei. 七福神は幸運、幸福、金運などをもたらす7人の神様です。神様たちの名前は、恵比寿、大黒天、毘沙門天、弁財天、福禄寿、寿老人と布袋です。 ✻ Dizem que é bom dormir com a imagem dos sete deuses debaixo do travesseiro no ano novo. 　お正月に七福神の絵を枕の下に置くといいのだそうです。
しめなわ	*Shimenaw*a é uma corda de palha de arroz traçada. Ela é pendurada sobre as entradas nos recintos dos santuários para separar os lugares sagrados. Ela é também posta sobre a porta das casas para evitar que maus espíritos ou doenças entrem nas casas. しめなわは稲の藁を編んで作った縄です。神社の入り口に飾られ、聖地の結界の役目があります。厄や災いを祓うために家の玄関に飾ったりもします。 ✻ Encontrei um *shimenawa* imenso no santuário Izumo Taisha. Aquilo deve fazer efeito! 　出雲大社で巨大なしめ縄を見かけました。あれは効き目がありそうです！ ✻ Tem algo no Brasil para se proteger de maus espíritos? 　ブラジルには、厄除けになるものは何かありますか？ ✻ Eu compro todos os anos um grande para ornar a porta de casa e um pequeno para ornar meu carro. 　私は毎年、家のドアを飾る大きなものと車を飾る小さなものを買います。

将棋	O *shogi* é um jogo tradicional japonês, muito parecido com o xadrez. A diferença é que se pode usar as peças capturadas do adversário. 将棋はチェスに似た日本の伝統的なゲームです。チェスとの違いは、相手から奪った駒が使えることです。 ✳ Você joga xadrez? Se joga, vai achar muito fácil esse jogo. 　チェスはできますか？　できるなら、このゲームをとても簡単だと思うことでしょう。
菖蒲湯	O Dia dos Meninos é marcado com banho de folhas de íris, no qual os japoneses aproveitam para se purificar. Acredita-se que a folha de íris tem o poder de expulsar o espírito do demônio. 端午の節句の日に、日本人は清めのために菖蒲湯に入ります。菖蒲の葉は邪気を祓う力があると言われています。 ✳ Encontramos folha de íris até nos supermercados. 　スーパーでも菖蒲の葉を買うことができます。
赤飯	*Sekihan* é o arroz cozido com feijão japonês, consumido em datas especiais, tais como nascimento de uma criança, casamento e outros. 赤飯は小豆をお米にまぜて炊いたもので、誕生祝いや結婚式などの特別な日に食べます。 ✳ Arroz com feijão dá sorte! Vocês comem todos os dias, não é mesmo? 　お米と小豆は幸運をもたらします。あなた方は毎日食べているんでしょう？
七夕	*Tanabata* é conhecido como Festival das Estrelas e ocorre no dia 7 de julho. De acordo com a lenda chinesa, duas estrelas separadas, Altair e Vega puderam finalmente se encontrar nesse dia. 七夕は星祭りとして知られていて、7月7日のことです。中国の伝説によると、引き離されていたアルタイルとベガの二つの星がやっとその日に会うことができたということです。

七夕	✳ Enfeitamos o galho de bambu com papéis de pedidos às estrelas. 願い事を短冊に書いて笹の葉に飾ります。 ✳ Se chover, os dois não poderão se encontrar. Que pena. 雨が降ると二人は会えないそうです。さみしいですね。
だるま	*Daruma* é um bonequinho que se veste de vermelho para espantar o olho gordo. O fundo do bonequinho é pesado para que ele possa levantar-se simultaneamente mesmo caindo, significando jamais desistir. だるまは魔除けの力を持つ赤い服を着た人形です。人形の底が重くなっていて、倒れても起き上がるので、あきらめないことを意味しています。 ✳ Pintamos um dos olhos no ano novo e fazemos o pedido. Se o pedido se realizar, pintamos o outro olho. お正月に願い事をして、片目を塗ります。叶ったらもう片方の目を塗ります。
通貨	O dinheiro japonês é o iene (¥). Circulam moedas de 1, 5, 10, 50, 100 e 500 e cédulas de 1, 2, 5 e 10 mil ienes. 日本の通貨は円（¥）です。流通しているのは、硬貨は1・5・10・50・100・500円と紙幣は1・2・5千円と1万円です。 ✳ E no Brasil? Quais as moedas brasileiras? ブラジルでは？　ブラジルの通貨の単位は何ですか？ ✳ Foi lançada no Japão a moeda comemorativa do Ano de Intercâmbio Japão-Brasil. 日本で、日本ブラジル交流年の記念硬貨が発行されました。 ✳ Eu também consegui a moeda comemorativa. Estava escrito em português. 私も記念硬貨を手に入れました。ポルトガル語が書かれていましたよ。
東大寺	O templo budista *Todaiji* foi construído pelo Imperador Shomu no período Nara. O Grande Buda do templo *Todaiji* mede 14,7m (quatorze vírgula sete metros) de altura. 東大寺は奈良時代に聖武天皇が建立した仏教寺院です。東大寺の大仏は高さが14.7ｍあります。 ✳ Além do Grande Buda, há diversas construções budistas

東大寺	na região. 大仏のほかに、さまざまな仏教の建築物があります。 ✻ Eu gosto muito de ir lá. Vou pelo menos uma vez por ano. 私はそこに行くのがとても好きです。一年に一回は行っています。
灯籠流し	O *tourou-nagashi* é realizado no dia 16 de agosto. Lanternas flutuantes são postas nos rios e mares para que assim seus ancestrais não se percam na volta para o mundo espiritual. O evento de Nagasaki é muito famoso por seu espetáculo. 灯篭流しは8月16日に行われます。灯篭を川や海に流し、祖先の霊が明かりに導かれて迷わずに霊界へ帰るための行事です。長崎の行事は大掛かりでとても有名です。 ✻ Eu acho que é um costume próprio do Japão. 私は日本固有の風習だと思います。 ✻ Tem alguma coisa parecida no Brasil? ブラジルに似た習慣はありますか？
年越し蕎麦	Na véspera do ano, as famílias se reúnem para comer *soba* (macarrão de trigo sarraceno) para a passagem do ano. Diz-se que o *soba*, por ser fino e longo, simboliza a longevidade. 大晦日になると、家族が集まり、年越しの蕎麦（蕎麦粉で作った麺）を食べます。蕎麦は細くて長いことから長寿を象徴していると言われています。 ✻ O que se come no Brasil no Reveillon? ブラジルでは年越しに何を食べますか？ ✻ Como eu sou alérgico ao trigo, não posso comer. 残念ながら私は蕎麦アレルギーなので、食べられません。
年男・年女	*Toshiotoko* ou *toshionna* é aquela pessoa cujo signo do ano do zodíaco chinês eto de nascimento seja o mesmo do ano vigente. Ou seja, a pessoa é o homem ou a mulher do ano quando se completa 12, 24, 36, 48, 60 anos, e assim por diante. 自分の生まれた年の干支が12年に1回まわってきた時には、「年男」や

	「年女」と呼ばれます。ですので、「年男」や「年女」の年齢は、12歳、24歳、36歳、48歳、60歳などになります。 ✻ Esse ano eu sou o homem do ano. 　今年、私は年男です。
鳥居	*Torii* simboliza santuários xintoístas e é um portal que marca a entrada de recintos sagrados. Alguns são feitos de madeira pintada de vermelho, outros de pedra e até de concreto. 鳥居は門であり、神社を象徴していて、聖域の入り口を示しています。赤で塗られた木でできているものや、石やコンクリートでできているものもあります。 ✻ Não é explêndido? Essa imagem é do *torii* em Kyoto. 　すごいでしょう？　これは京都にある鳥居の写真です。
長崎平和公園	O Parque da Paz em Nagasaki foi o ponto de impacto da segunda bomba atômica, que tornou a cidade conhecida mundialmente. 長崎平和公園は2番目に投下された原子爆弾の落下中心地に位置し、世界に長崎の名前を知らしめました。 ✻ Além de Hiroshima, aqui é um local muito triste também. 　広島だけでなく、ここもとても悲しい場所です。
奈良公園	É perto da estação Nara e tem centenas de cervos. Os cervos ficam soltos pelo parque porque são considerados mensageiros dos deuses. 奈良駅の近くに位置し、何百頭もの鹿がいます。鹿は神様の使いだとみなされているので、鹿たちは公園内で放し飼いにされています。 ✻ Um passeio pelo parque Nara é refrescante. 　奈良公園を散歩するとリフレッシュします。 ✻ Os cervos são bonitinhos. Você pode comprar biscoitos para dar a eles também. 　鹿たちはとてもかわいいですよ。鹿せんべいも売られていて、鹿たちにやることができます。
能	*Nô* é uma arte tradicional e representativa do Japão, com muitos séculos de história, e é muito conhecido também no exterior. Foi tombado patrimônio cultural imaterial.

能	能は数百年の歴史を持つ日本の代表的な伝統芸能で、海外でも高い知名度があります。重要無形文化財に指定されています。 ✤ Fui a um teatro chamado *takigi-nô*. Muito interessante. 薪能を見に行きました。とても興味深かったです。 ✤ É diferente do *kabuki*. Vou te levar quando vier pra cá. 歌舞伎とは違います。こちらに来る時に一緒に見に行きましょう。
初日の出	*Hatsuhinode* é o nascer do sol do novo ano. Os japoneses mantêm a tradição de ver o primeiro raiar do sol do ano para desejar a boa sorte por todo o ano. 初日の出は新年の最初の日の出のことです。日本人は一年の幸運を願うために初日の出を見る伝統を続けています。 ✤ Os locais mais procurados para se observar o raiar do primeiro sol do ano são montanhas e praias. 初日の出を見るのに、山や海に行くことが多いです。 ✤ Deve ser muito bonito apreciar o primeiro raiar do sol na praia brasileira. ブラジルの海岸で初日の出を見るのはきれいでしょうね。
初夢	*Hatsuyume* é o primeiro sonho do ano. A predição da sorte no ano é realizada de acordo com o conteúdo do sonho. 初夢は一年の最初の夢です。夢の内容によって一年の幸運がわかります。 ✤ O primeiro sonho do ano é no dia 2, porque não dormimos na passagem do ano. 初夢は2日の夢です。年越しは寝ないからでしょうね。 ✤ Tenha ótimos sonhos. いい初夢を見てくださいね。
引き出物	*Hikidemono* são lembranças que os noivos distribuem aos convidados de seu casamento. São entregues aos convidados no final da cerimônia. 結婚式で新郎新婦が招待客に配る思い出の品物です。式の終りに招待客に渡されます。 ✤ O que se dá de lembranças no Brasil? ブラジルでは何をしますか？

ひな祭り	O *Hinamatsuri* simboliza o dia das meninas, festejado no dia 3 de março. Por ser uma época em que desabrocham as flores de pessegueiros é também conhecido como festival do pêssego. ひな祭りは女の子の日で、3月3日に祝います。桃の花が咲く時期ですので、桃の節句とも呼ばれています。 ＊ O dia dos meninos é feriado, mas o dia das meninas não. Que desigualdade, né. 男の子の日は休みだけれど、女の子の日は休みじゃありません。まだまだ不平等ですね。 ＊ Os bonequinhos ohinasama são miniaturas da corte japonesa de mil anos atrás. É um conjunto de graciosos bonequinhos. おひなさまは千年前の日本の宮中のミニチュアです。とても愛らしいお人形が揃っています。
姫路城	O castelo de Himeji é conhecido também como castelo da garça branca. O castelo é patrimônio da humanidade. 姫路城は白鷺城という名前でも知られています。世界遺産に登録されています。 ＊ Fica a uma hora e pouco de Osaka. Quando vier me visitar, levarei sem falta. 大阪から1時間くらいで行けます。うちに来た時にお連れしますね。
富士山	O Monte Fuji é o pico mais alto do Japão com 3.776 (três mil, setecentos e setenta e seis) metros de altura. Podemos escalar no verão, em julho e agosto. 富士山は日本最高峰で、標高3,776mです。7月と8月の夏の間に登山することができます。 ＊ Antigamente o monte era sagrado e as mulheres não podiam subir. Que bom que os tempos mudaram. 昔は聖なる地で女人禁制だったそうです。世の中が変わってよかったですね。 ＊ Venha para o Japão no verão e vamos subir juntos. 夏に日本に来て、一緒に登りましょう。

文楽	O *bunraku* é um teatro de marionetes tradicional do Japão. Os bonecos principais são movimentados por três pessoas, um movimentando a cabeça e a mão direita, o segundo a mão esquerda e o terceiro os pés. 文楽は日本の伝統的な操り人形劇です。三人の人形遣いが主な人形を操っています。一人目が頭と右手、二人目が左手、三人目が足を動かします。 ✳ O Teatro *Bunraku* de Osaka é muito famoso. 　大阪の文楽劇場はとても有名です。 ✳ Você me disse um dia que gosta de arte. Com certeza vai gostar do teatro. 　以前、芸術が好きだと言っていましたね。きっと文楽が気に入ると思います。
別府温泉	O balneário de águas termais de Beppu é um local de muitos visitantes. Aqui a atração é o inferno fervente, com circuito de nove infernos, ou seja, nove fontes termais. 別府温泉は観光客が多い温泉街です。ここの観光名所は地獄巡りと呼ばれる源泉巡りで、9つの地獄があります。 ✳ O banho quente nos faz relaxar bastante. 　熱いお湯はリラックスさせてくれます。
漫画	Os mangás são histórias em quadrinhos do Japão, mas, têm um papel importante na mídia japonesa, além de serem usados também para explicar tópicos acadêmicos de forma mais simples. 漫画は連続するビジュアル物語（作品）ですが、日本のメディアで重要な役割を果たし、また、専門的なことをわかりやすく説明するためにも使われます。 ✳ Os mangás são muito populares até entre os adultos. E no Brasil? 　日本では漫画は大人にも人気があります。ブラジルではどうですか？ ✳ Quais são os mangás que fazem sucesso no Brasil agora? 　最近ブラジルで流行っている漫画は何ですか？

宮島	É famoso o *torii* flutuante do santuário Itsukushima. A Ilha de Miyajima é conhecida como um dos três cenários mais bonitos do Japão. 厳島神社の海に立つ鳥居は有名です。宮島は日本三景の一つとしても知られています。 ✼ Os três cenários mais bonitos do Japão são Matsushima, Amanohashidate e aqui.　日本三景は、松島、天橋立とここです。 ✼ O lugar aqui é tão sagrado que não há maternidades nem cemitérios.　聖地なので、産院も墓地もないそうです。
旅館	O *ryokan* é uma acomodação japonesa tradicional, caracterizado por quartos forrados com tatami e decoração tradicional. Durante o dia não há camas no quarto, mas à noite, a atendente estende o futon, um edredon confortável. 旅館は日本の伝統的な宿泊施設で、畳と伝統的なインテリアが特徴的です。日中はベッドはなく、夜になると、接客係が快適なお布団を敷いてくれます。 ✼ O hotel ocidental é bom. Mas o *ryokan* também é muito bom, bem japonês.　ホテルもいいけれど、旅館もいいですよ。とても日本的で。 ✼ Minha tia tem um *ryokan* em Hakone. Quero que conheça o local e aprecie a diferença com o hotel ocidental.　叔母が箱根で旅館を経営しています。来ていただいて、西洋のホテルとの違いを実感して欲しいです。

3 手紙・メールの要素

1 手紙の基本

　「外国語で手紙を書く」というのはその言葉を積極的に、自分一人で使う可能性を与えてくれます。文通によって友達関係を結ぶこともできます。また、留学などでブラジルに滞在する場合、手紙を書くことはそれこそ必要になってくるでしょう。

　母語以外で手紙を書くのは易しいことではありません。日本語の手紙にも、封筒の書き方から、型通りの表現や決まり文句の数々など、しきたりの類がたくさんあります。同じことがポルトガル語の手紙でも言えるのです。

　難しそうだと思われるかもしれませんが、最低限の基本的なルールを守りさえすれば、あとは自分の伝えたいメッセージを文章にするだけでいいのです。もちろん型にはまった表現や決まり文句があるので、ある程度基本は押さえておきたいものです。あまりに型破りですと、礼儀知らずで粗野だという印象も与えかねません。

　手紙を書く上で、必要な約束事がいくつかありますので、まず、それを説明しましょう。

❶ 封筒

　封筒は国際便専用封筒を使うか、普通の白封筒の表にBY AIR MAIL、もしくはPAR AVIONと書きこんで使いましょう。ブラジルに送るからといって、VIA AÉREAと書くと、ブラジルでは理解されますが、その前に日本国内の郵便局員を困惑させるだけです。

　カードを送る場合、カードサイズやその形によっては、定型外郵便になりますので、切手の額などは郵便局で問い合わせた方がよいでしょう。

　封筒に記入する事項については、次の例をご覧ください。

3　手紙・メールの要素

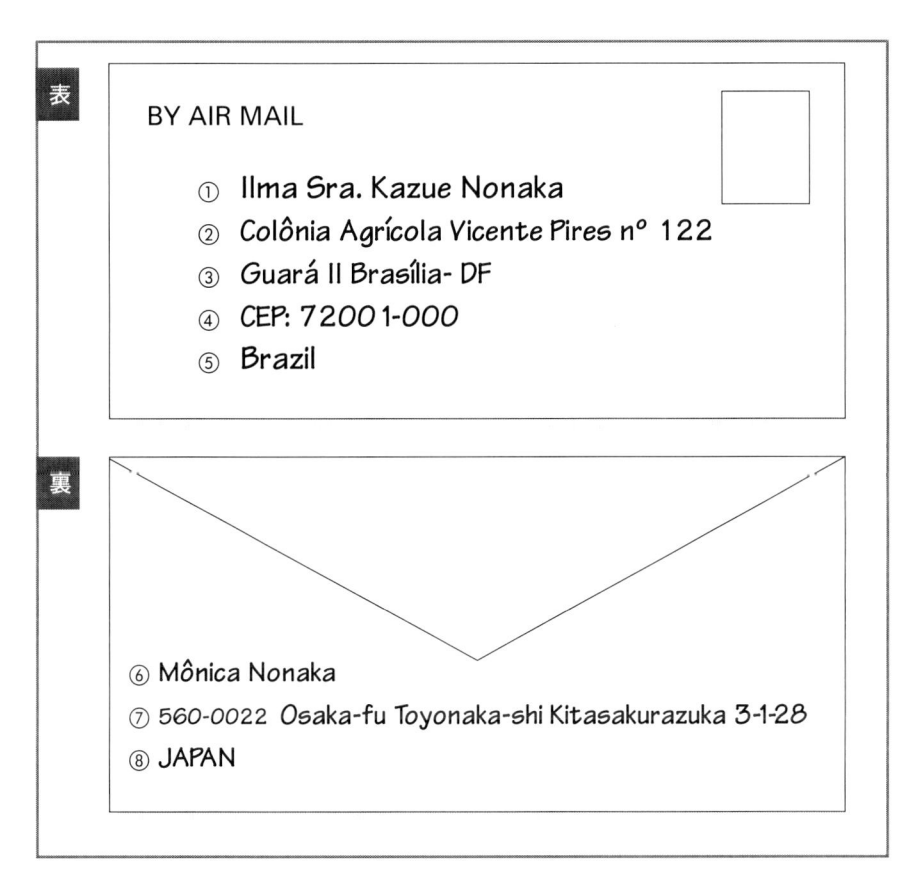

```
表
    BY AIR MAIL

    ① Ilma Sra. Kazue Nonaka
    ② Colônia Agrícola Vicente Pires nº 122
    ③ Guará II Brasília- DF
    ④ CEP: 72001-000
    ⑤ Brazil

裏

    ⑥ Mônica Nonaka
    ⑦ 560-0022  Osaka-fu Toyonaka-shi Kitasakurazuka 3-1-28
    ⑧ JAPAN
```

▶ **宛先の書き方（封筒の表）**

①受取人

姓名には基本的に敬称を付けます。ここでは、一般的なものだけを紹介します。

男性	女性	
Ilmo. Sr. ＿＿（名前）＿＿	Ilma Sra. ＿＿（名前）＿＿	相手を問いません
Ilmo amigo ＿＿（名前）＿＿	Ilma amiga ＿＿（名前）＿＿	親しい友人宛

> **NOTA**

ビジネスレターの場合、Ilustríssimo Senhor, Excenlentíssimo Senhor は使用されなくなっています。

 Senhor(肩書き)　　(肩書き)様
 Ao(企業、部署名)　(企業、部署名)御中
 A/C (aos cuidados)　気付

② 住居番号・番地

　家の番号やルームナンバー等の番号の前には número を略した nº がよく使われます。

③ 市町村名・州名

　州名は略すことが多いので、ブラジルの州の略語を紹介します。州は2文字で略され、双方大文字です。大文字と小文字にしないように気を付けてください。

AC	Acre	アクレ州
AL	Alagoas	アラゴアス州
AM	Amazonas	アマゾナス州
AP	Amapá	アマパー州
BA	Bahia	バイーア州
CE	Ceará	セアラー州
DF	Distrito Federal	連邦区
ES	Espírito Santo	エスピリト・サント州
GO	Goiás	ゴイアース州
MA	Maranhão	マラニャゥン州
MG	Minas Gerais	ミナス・ジェライス州
MS	Mato Grosso do Sul	マット・グロッソ・ド・スール州
MT	Mato Grosso	マット・グロッソ州
PA	Pará	パラー州
PB	Paraíba	パライーバ州
PE	Pernambuco	ペルナンブッコ州
PI	Piauí	ピアウイー州

3 手紙・メールの要素

PR	Paraná	パラナ州
RJ	Rio de Janeiro	リオ・デ・ジャネイロ州
RN	Rio Grande do Norte	リオ・グランデ・ド・ノルテ州
RO	Rondônia	ホンドーニア州
RR	Roraima	ホライマ州
RS	Rio Grande do Sul	リオ・グランデ・ド・スール州
SC	Santa Catarina	サンタ・カタリナ州
SE	Sergipe	セルジッペ州
SP	São Paulo	サンパウロ州
TO	Tocantins	トカンチンス州

▶ ブラジル地図

④ 郵便番号

ブラジルの郵便番号の制度（CEP）は1972年に5桁で開始し、1992年からは8桁になりました。5桁と3桁のグループになっており、ハイフンで分かれています。最近では郵便番号が簡単に検索できます。

　　ブラジル国内の郵便番号検索サイト：http://buscacepbrasil.com/

⑤ 国名

ブラジルの名称はブラジル国内ではBRASILですが、国際郵便ですので、国際的に用いられている**BRAZIL**を使用した方がベターでしょう。また、日本国内の郵便局での仕分けが容易になるよう、日本語で「ブラジル」と国名を添えましょう。

▶差出人の氏名と住所（封筒の裏、下部分）

⑥ 差出人

封筒の裏の上部に差出人の名前と住所を書く人もいますが、封筒を開く際に、封の部分が破れたりすることもありますので、下の部分に書く方をお勧めします。

⑦ 差出人の住所

自分の住所の書き方は、ローマ字表記にしましょう。英語式でも構いません。外国の相手から送られてくる手紙に書かれている住所を読むのは日本の郵便配達員です。英語であればまだ日本人に知られていますので大丈夫でしょうが、ポルトガル語にしてしまうと理解されないうえに、届く保証もありません。

例えば「とよなかビル」はToyonaka Biru、もしくはToyonaka Bld. だと届きますが、Prédio Toyonaka　だと届く保証はありません。大阪府豊中市もOsaka-fu Toyonaka-shi、もしくはToyonaka City, Osaka Prefectureだと届きますが、Cidade de Toyonaka, Província de Osaka　だと郵便局が大変です。

また、つづりの点でも注意が必要です。ポルトガル語式の表記は使わないようにしましょう。Tóquio、Quioto、Osaca、Nagóiaでは日本国内では通用しないので、ローマ字表記のTokyo、Kyoto、Osaka、Nagoyaと書きましょう。

⑧ 国名

日本はポルトガル語表記でJAPÃOですが、国際郵便ですと、やはり英語式に

JAPANと書いた方が郵便局の負担にならないでしょう。

❷ 便箋

文書のレイアウトにはインデント式（estilo denteado)とブロック式（estilo em bloco）があります。個人的なレターの場合は、どちらを選んでも構いませんが、ビジネスレターでは、アメリカモデルに影響されて、ブロック式で統一されるようになってきました。

インデントとは段落の最初の文字を右に寄せることです。ワープロソフトを使用している場合、インデントを付ける際には、Tabキーを押すだけで自動的につけることができます。それ以外の場合は、左の余白から5～8字分あけます。
インデント式もブロック式も、段落と段落の間を1行あけて見やすくします。
余白をどれだけあけるかという点にも注意を払う必要があります。インデント式の公式文書では、上（一枚目は5cm・二枚目は3.5 cm）、左（3cm）、右（1.5cm）、インデント（2.5cm）となっていますが、ブロック式の場合は、そもそもインデントもありません。字がびっしり詰まりすぎた感じにならないために、目安として、上下左右ともに3センチほど余白を取るとよいでしょう。

❸ 手紙のレイアウト

▶ 発信地と日付

発信地・日付の順に書きます。

　　Osaka, 9 de outubro de 2010.

●9までの日は、左に0を加えません。
　　× 　09
　　○ 　9
●「月」の表記は大文字ではなく小文字です。
　　× 　Janeiro
　　○ 　janeiro
●年号の千の位と百の位の間にはピリオドを打ちません。
　　× 　2.010
　　○ 　2010
●日付の後はピリオドを打ちます。

　　Nagoya, 10 de novembro de 2010.

1月	janeiro	7月	julho
2月	fevereiro	8月	agosto
3月	março	9月	setembro
4月	abril	10月	outubro
5月	maio	11月	novembro
6月	junho	12月	dezembro

▶ 書中宛名

相手（個人または会社）の住所や部署名のことです。ビジネスレターでは会社の正式名称を含みます。最近の傾向として、住所は封筒に書き、手紙本体には書きません。窓付き封筒を使用する場合は、レターに住所を記入します。

▶ 呼びかけ

相手の名前と敬称について以下に紹介します。丁寧な順になっていて、下になるほど親しい人宛になります。

3 手紙・メールの要素

	受取人が男性の場合	受取人が女性の場合
（名前）　様	Prezado Senhor　（名前）	Prezada Senhora　（名前）
敬愛する友人　（名前）	Prezado amigo　（名前）	Prezada amiga　（名前）
親愛なる友　（名前）	Caro amigo　（名前）	Cara amiga　（名前）
親愛なる友人　（名前）	Querido amigo　（名前）*	Querida amiga　（名前）
やあ　（名前）	Oi,（名前）	Oi,（名前）
（名前）	（名前）	（名前）

＊この場合、「愛しい」という意味合いが含まれますので、男性同士で使うのは避けた方がよいでしょう。

受取人が複数の男性・男女の場合	受取人が複数の女性の場合
Prezados Senhores　（名前e名前）	Prezadas Senhoras　（名前e名前）
Prezados amigos　（名前e名前）	Prezadas amigas　（名前e名前）
Caros amigos　（名前e名前）	Caras amigas　（名前e名前）
Queridos amigos　（名前e名前）	Queridas amigas　（名前e名前）

▶ 本文

プライベートレターでは、書き出しに相手の様子を気遣うフレーズを入れます。

Como vai?　お元気ですか？

Tudo bem?　元気？

Que saudades. Como tem passado?
お久しぶりですね。どうなさっていましたか。

Me desculpe pela falta de notícias.　大変ご無沙汰しています。

Espero que esteja tudo bem com você e com sua família.
あなたとご家族の皆さんには、すべてうまくいっていることと思います。

ビジネスレターの場合、手紙の目的を述べる導入部は簡潔明瞭に書く必要があります。以下はよく使われる文例です。

Solicitamos a V. S^a. (Vossa Senhoria)　要請します

Informamos V. S^{a}s. (Vossas Senhorias)　皆様に報告します

Atendendo às solicitações de sua carta sobre ...
〜についての手紙の要請に対応しまして

Com referência à carta de V.Sª (Vossa Senhoria) de（日付）
（日付）の手紙に関しまして

▶ 結びの言葉
署名の前に添える言葉です。下に行くほど、カジュアルになります。

　　Respeitosamente,（敬具）
　　Atenciosamente,（敬具）
　　Cordiais saudações,（心よりご挨拶申し上げます）
　　Cordialmente,（心より）
　　Saudações,（ご挨拶申し上げます）
　　Um abraço / Abraços,（抱擁を持って）
　　Um beijo / Beijos,（キスを持って）(*男性同士では使いません)

NOTA

『ブラジル共和国大統領作文マニュアル』では、公式文書の結びの言葉を以下の二つに限定していますので、覚えておくと便利です。

　　Respeitosamente,（大統領を含む自分より上位の社会地位相手に）
　　Atenciosamente,（自分と同等、または下位の社会地位相手に）

▶ 署名
●**自筆で署名しましょう。**

ビジネスレターでは、自分の名前（役職名）をタイプして、そこに自筆で署名します。個人的な手紙の場合で相手と知り合いであれば、自分の名前はタイプする必要はありません。
通常のサインは判読できない場合が多いので相手に書き手がはっきり分かるように読める字でサインしましょう。

●**署名は常に黒か青のインクを使いましょう。**

プライベートな手紙であれば、カラフルなインクを使っても問題はありませんが、ビジネスレターでは黒か青インクを使いましょう。

●**もし、あなたの名前から性別が判断できないだろうと思われる場合は、署名に敬称 (Sr./ Sra.) を入れましょう。**

3　手紙・メールの要素

　(Sr.) Tomotaka Fuse　　(Sra.) Masako Nakano
　Tomotaka Fuse (Sr.)　　Masako Nakano (Sra.)

NOTA

女性なのにSenhor（ミスター）?

日本人の名前はブラジル人にとって、男性名なのか女性名なのかとても判断がつきません。ブラジルではPaulo, Pedro, Joãoのように、「o」で終わる名前は通常男性名です。ですので、日本人女性のHiroko, Takakoのように「o」で終わる名前も男性名だと思われてしまい、指摘しなければSenhor Takako（ミスタータカコ）などと呼ばれてしまいます。
反対に「a」で終わる名前はブラジルでは通常女性名ですので、Shota, YawaraはSenhoraになる可能性もあります。

▶ 追伸

　文の冒頭にP.S.を付けます。追伸は任意で、手紙の内容とは直接関係ない情報などを短く書き加えることができます。ビジネスレターでは避けたほうが無難です。

❷ メールの基本

　現在ではメールは既に「特殊な通信手段」ではなく一般的になっていて、楽しいコミュニケーションの手段です。友人同士の気軽なやり取りというイメージが強いものの、ビジネスやフォーマルな場面でももちろん使っています。パソコンからだけではなく、携帯電話でもメールが手軽にやり取りできるようになっています。メール人口はブラジルでも、日本にいるブラジル人の間でもウナギ上りです。今や必需品と言っていいほどです。日本人相手に日本語メールを打つのはいいけれど、ブラジル人相手にポルトガル語でメールを、となると、打ってみたいけど手順もわからないし、表現も知らない、となってしまいがちです。インターネットを介して世界の人とつながっているのに、本当にもったいない話です。
　インターネットは利点も多くあり、なんとなく「なんでもあり」の世界のようですが、メールでも守らないといけないルール、気をつけたいマナーというものがあります。基本的には人とのコミュニケーションですので、以下の点に注意しましょう。

▶ **言葉遣いや内容に気をつけましょう。**

ポルトガル語ではストレートな表現になりがちですが、好感をもたれる表現や丁寧な表現もありますので、うまく使いましょう。スラングの多用や罵倒する言葉は厳禁です。

▶ **表記に気をつけましょう。**

●大文字メールはやめましょう。

大文字ばかりの文字表記は、叫んでいるのと同じことで、相手に対して「怒っている」という感じを与えます。書いている人は単に強調したいだけかもしれませんが、相手によっては気分を害し、返信をしてくれない人もいます。
ポルトガル語の手紙を書く時と同じように大文字と小文字を使い分けましょう。

> × TUDO BEM? O QUE TEM FEITO ULTIMAMENTE?
> ○ Tudo bem? O que tem feito ultimamente?
> （お元気ですか？最近どうしていますか？）

●ブラジルに送るメールに全角文字は使わないようにしましょう。

送り相手が日本にいて、日本語が表示できるコンピュータを使っていれば、全角文字を使っても何の問題もないのですが、ブラジルではほとんどのコンピュータは半角文字しか扱うことができません。いろいろと工夫を凝らして書いたものが、相手が受け取ったときにはめちゃくちゃな文字の羅列になってしまいます。

●返事はできるだけ早く出しましょう。

メールは簡単に返信できますので、忙しい時などは、Obrigado pelo e-mail. Escreverei com calma mais tarde.（メールありがとう。落ち着いたら返事を書きます）などと数行でもすぐに返事を出すように心がけましょう。

●緊急時のメールは避けた方が無難です。

メールは非常に便利なようですが、相手が頻繁にメールをチェックしているかどうかはわかりません。また、日本とブラジルの場合は時差が最低でも12時間ありますので、その点も考慮しましょう。

3 手紙・メールの要素

●ビジネスメールではスマイリーや略語を使うことはやめましょう。

プライベートなメールでは構いませんが、フォーマルなメールでは、スマイリー（顔文字）や略語を使うことはやめましょう。それらを使う場合、相手がそれを理解していることを確認してからにしたほうがいいでしょう。

●適切な件名にしましょう。

"Oi, sou eu（私です！）"、"Olá（やあ！）"、"Tudo bem?（元気？）"、"Urgente（緊急！）"など漠然とした内容の「件名」にするのはやめましょう。メッセージの内容を明確に表す「件名」でなければ、読まれずに削除される恐れがあります。特に最近はスパムメールが多く、気をつける必要があります。

NOTA

「件名」

「件名」はメールの内容に適したものを書くのが普通ですが、ここでは、いくつか使いやすい表現を紹介します。

Obrigado pelo e-mail　　メールありがとう
Sobre o e-mail de ontem　　昨日のメールのことで
Sobre o compromisso de domingo　　日曜日のお約束について
Feliz casamento!　　結婚おめでとう！
Feliz aniversário, Maria!　　誕生日おめでとう、マリア！
Obrigado pelo cartão de Natal!　　クリスマスカードありがとう！
Convite para um churrasco　　シュラスコパーティーへのご招待
Resposta ao convite　　ご招待への返事
Mudança da programação　　スケジュールの変更
Aviso: novo telefone e e-mail　　お知らせ-新しい電話番号とメールアドレスです
Eu me mudei para Tokyo　　東京へ引っ越しました
Olá, estou escrevendo do Japão　　こんにちは，日本から書いています
Gostaria de participar da sua rede de amigos
　　　あなたのメル友ネットに参加したいのですが
Me adicione na lista de discussão　　メーリングリストに加えてください
Me ensine português　　ポルトガル語を教えてください
Procuro amigos virtuais　　バーチャルフレンド募集
Procura-se professor de samba nos fins de semana
　　　週末のサンバ講師募集
Sobre a sua homepage　　あなたのホームページについて

●受信メールの引用文を残しましょう。

受信したメールに、引用文を残さずに、"Sim（はい）"、"Posso（大丈夫です）"、"Eu concordo（私もそう思います）"だけのメッセージ返信は避けましょう。

携帯メールの場合はチャット感覚でお互い内容の理解はできていると思いますが、パソコンメールでは、履歴を残さないと、内容の理解が不十分になります。

●ファイルを添付するときはよく考えましょう。

デジタルカメラで撮った画像を添付して送りたい、と思う方は多いはずです。ですが、誰もがブロードバンドによるインターネット接続をしているわけではありません。最近はブラジルでも多くなってきましたが、それでもまだダイヤルアップ接続の人もいます。その人たちに重たいファイルを送っても、嬉しいどころか、迷惑がられます。送りたい場合は、相手に希望を聞いてから送るようにしましょう。

●送信前に再確認、再々確認をしましょう。

送信ボタンを押す前に、間違いはないかもう一度確認をしましょう。一旦送ってしまってからは、悔やんでも後の祭りですので、最後にチェックする癖をつけるといいでしょう。

また、通常は送り先を書いて、本文に移るケースが多いと思うのですが、本文を先に書き、ファイルも添付したのち、相手のメールアドレスを書きましょう。誤送信や未完了メール送信を防ぐ一つの方法です。

❶ ポルトガル語独特の記号

ポルトガル語でメールをやり取りする場合、アクセント記号等の表記はどうなるのでしょう。アクセント記号もポルトガル語の一部なので、手紙などでは正しく付けなければいけませんが、メールの場合は、送受信ソフト間の文字の互換性の問題から、以下の綴り字は文字化けすることがよくあります。

á é í ó ú à às â ê ô ç ã õ

文字化けの例を見てみましょう。

3　手紙・メールの要素

> Oi M醇snica boa noite.
> Terminei de fazer as tradu醇M醇wes,n醇Io sei como me sa醇^,mas saiba que fiz o poss醇^vel

元の文章は以下のようだと想像できます。

> Oi Mônica boa noite.
> Terminei de fazer as traduções, não sei como me saí, mas saiba que fiz o possível.
> モニカ、こんばんは。
> 翻訳を終えました。出来具合はわかりませんが、できる限りの事をしました。

文字化けを起こして、相手に読みづらい思いをさせるよりは、最初からアクセントは省きましょう。

> Oi Monica boa noite.
> Terminei de fazer as traducoes, nao sei como me sai, mas saiba que fiz o possivel.

私がポルトガル語でメールを書く場合は、アクセント記号を一切省いています。もしくは、ワードファイルで文書を作成し、メール添付で送っています。この場合は、メール本文は単にカバーレターのように使用することもあります。

❷ スマイリー（顔文字）の種類と使い方

テキストメッセージだけではさみしい時や、ニュアンスの誤解を防ぐために、スマイリー（顔文字）を使用するのがメールの醍醐味です。
日本では「顔文字」と呼ばれていて、(＾＾)のように縦位置のものが主流ですが、ブラジルでは横倒しが一般的。ただ、個人によってバリエーションが多いので、一般的なものを紹介します。
日本に住んでいるブラジル人相手に送るのであれば、日本風の顔文字の方がわかりやすいでしょう。送る相手によって、選んでくださいね。

▶ スマイリー（顔文字）の種類と使い方

:-)	Alegria	嬉しい、基本のニッコリマーク
:-D	Gargalhada	大笑い
:-(	Tristeza	悲しい
(:-(	Muita tristeza	とっても悲しい
:'-(	Estou chorando	泣いています
:-o	Espanto	驚いた
:-|	Indiferença	無関心
;-)	Piscando o olho	ウィンク
:-p	Língua de fora	舌を出している、ベー
:"-(	Choro	泣いています
=8-{}	Susto	びっくりした！
:-*	Beijo	キス
:-*****	Muitos beijos	たくさんのキス
:-@	Grito	叫び声、キャー！
#-)	Bebedeira	酔っています
:-[	Crítica	批判
:-/	Será?	懐疑的
X-(	Chega!	もうイヤ！
:X	Boca fechada	口を閉じる：秘密

❸ メールの簡略表現

省エネルギー、省スペースがモットーのe-mail（特に携帯メール）では頻出表現や単語の略語がよく使われます。ポルトガル語でinternetês（ネット用語）と呼ばれているこれらの表現は、チャットなどで、よく見かけます。自分では使わなくても、意味が分かれば、相手のメールに「？？」と思わなくてもすみますね。

メールの略語表現に慣れていない人もいますので、相手によって使い分けてください。また、簡略表現は親しい間柄の人に送るものであって、ビジネスメールには使わないようにしましょう。

3　手紙・メールの要素

▶ メールの簡略表現

vc	você（あなた）
qq	qualquer（どの）
tb	também（〜も）（英語の *too*）
pq	porque（なぜなら）
rs	risos（笑）
qdo	quando（いつ）
d+	demais（最高、過多）
kd	cadê（どこ）
aki	aqui（ここ）
axo	acho（思う）
hj	hoje（今日）
neh	né, não é?（そうでしょう？）
cmg	comigo（私と）
n, naum, nawm	não（いいえ）
bj, bjos, bjin	beijo（キス）
abs	abraços（抱擁）
ateh	até（じゃあ）
t+	até mais（じゃ、また）
qto	quanto（いくら、いくつ）
2f	segunda-feira（月曜日）
i.e	isto é（つまり）
p.ex.	por exemplo（例えば）
add	adicionar（加える）

❹ メールのレイアウト

・ビジネスメールではすべての行を左端にそろえて、インデントはつけません。個人的なメールは、書き手のスタイルによる部分が多いので、インデントはつけてもつけなくても構いません。
・読みやすさを考えて、1行の長さを半角文字数で60〜70字くらいにまとめ、段落も長くて5〜6行でまとめましょう。
・段落と段落の間に1行ずつスペースを空けます。

- すべてのメールには日付が自動的に表示されるので、送信日は書く必要がありません。
- メール文の中に宛名は必要ありません。送信者の連絡先はメッセージの後、結びの言葉の下に添えます。連絡先については、目立つように独自のデザインの枠で囲むなど、工夫を凝らす人もいます。

    ++++++++++++++++++++++++++++++++
    * Maria da Silva   *
    * Tel: 06-6666-6666   *
    * E-mail: maria@maria.com   *
    ++++++++++++++++++++++++++++++++

- メールに含まれる要素：呼びかけ、本文、結びの言葉

NOTA

ネット用語の表記

ネット用語はまだ確立されておらず、さまざまな表記が見られます。
本書では、Eメールを"e-mail（文頭だとE-mail）"、ホームページを"homepage（文頭だとHomepage）"で統一していますが、実際には、 E-mail, e-mail, Email, email, mail、Home Page, Home page, Homepage, homepageのどれを使ってもOKです。

4 携帯メールの文例

　携帯メールのメッセージはあまり長くないのが普通です。個人差もありますが、せいぜい20～30ワードくらいまでではないでしょうか。ちょっとした連絡や、親しい相手に日常の事柄を書いて相手と共有するのが携帯メールの醍醐味です。
　ここでは、いくつかのテーマに分けて、豊富な表現例を紹介しますので、そのパターンを用いて、気軽にメールを送ってみましょう。ここでは、アクセント記号もすべて載せていますが、メールの場合は、アクセント記号が使えませんので、アクセントなしで送ります。

1 「遊びに行きませんか？」

Oi amigos,
Vamos jogar boliche no domingo?
Ou **que tal** irmos ao karaokê?
Me responda até sexta.
Abraços,
João

友人の皆さん、
日曜日、ボーリングをしに行きませんか？
それとも、カラオケに行くのはいかがですか？
金曜日までに返信してください。
抱擁を持って、
ジョアン

NOTA

誘いの表現に使える構文

Vamos ＋動詞の原形	～しましょう / ～しませんか？
Que tal ＋名詞	～はいかがですか？
Que tal ＋動詞	～するのはいかがですか？
O que acha de ＋名詞	～でもどうですか？
O que acha de ＋動詞	～でもするのはどうですか？
Não quer ＋動詞	～しませんか？
Por que não ＋動詞	～はどうですか？

▶ ＜誘い＞の表現

Vamos viajar juntos nas férias. O que acha?
休暇に一緒に旅行しましょう。どう思いますか？

Vamos sair amanhã?
明日デートしませんか？

Que tal um chope depois do trabalho?
仕事終りに生ビールはいかがですか？

Que tal almoçarmos juntos?
昼食を一緒にするのはいかがですか？

O que acha de uma pizza no jantar?
晩御飯はピザでもどうですか？

O que acha de irmos ao cinema no fim de semana?
週末に映画に行くのはどうですか？

Não quer vir em casa hoje à noite?
今晩、うちに来ませんか？

Por que não vamos dar uma volta um dia desses?
いつかドライブでもどうですか？

Você está livre no sábado?
土曜日はお暇ですか？

Eu quero fazer compras de tarde. Quer vir comigo?
お昼から買い物に行きたいのです。一緒に行きますか？

4 携帯メールの文例

Vamos fazer um churrasco em casa no dia 5. Apareça.
5日に家でシュラスコをします。来てください。

Venha em casa. Queremos te ver.
家に来てください。あなたに会いたいです。

NOTA

スポーツ・楽器関連に使える便利な動詞

jogar ...　　〜をする (*play*)
fazer ...　　〜をする (*do*)
praticar ...　〜を実践する
treinar ...　　〜を練習する
tocar ...　　〜を弾く

▶ ＜スポーツ・楽器＞に関係する表現

Todos os brasileiros jogam futebol? Eu queria jogar futebol no Brasil.
ブラジル人は全員サッカーをするのですか？ブラジルでサッカーがしたいと思っています。

O João joga basquete no clube escolar.
ジョアンは学校のクラブでバスケをしています。
(＊親しい間柄の人の名前には定冠詞がつき、ここでは男性なので、**o**を用いています)

A Takako faz natação desde os três anos de idade.
タカコさんは3歳からスイミングに通っています。
(＊親しい間柄の人の名前には定冠詞がつき、ここでは女性なので、**a**を用いています)

A minha filha pratica piano todos os dias.
娘は毎日ピアノを練習しています。

Dia e noite treino beisebol.
私は野球の練習に明け暮れています。

Se quer ser bom, deve treinar bastante.
うまくなりたければ、たくさん練習をしなければなりません。

A Masayo toca harpa japonesa muito bem. Você precisa escutar um dia.
マサヨさんはとても上手に琴を弾きます。いつかぜひ聞いてください。

Eu não sabia que você tocava violino. Que bela surpresa!
あなたがバイオリンを弾くなんて知りませんでした。素敵な驚きです。

Vamos bater bola no domingo.
日曜日、ボール遊びをしましょう。

Você toca alguma coisa?
あなたは何か楽器を弾きますか？

Tem muito japonês que gosta de jogar capoeira.
カポエイラをするのが好きな日本人は多いです。

Você conhece alguém que faz kendô ou judô? Me apresenta?
誰か剣道か柔道をしている人を知っていますか？　紹介してくれませんか？

Ouvi dizer que tem muita academia de jiu-jitsu no Brasil. É verdade?
ブラジルには柔術の道場がたくさんあると聞きました。本当ですか？

NOTA

ブラジルでも通じる日本語

日本人がブラジルに移住したことで、たくさんの日本語がポルトガル語単語として定着しました。日本の文化、伝統芸能や食文化の用語が、日本語のままで親しまれています。

aiquidô	合気道	animê	アニメ
bonsai	盆栽	karaokê	カラオケ
karatê	空手	decasségui	出稼ぎ
gaijin	外人	gueixa	芸者
haicai	俳諧	haraquiri	腹切り
ikebana	生け花	jiu-jitsu	柔術
judô	柔道	mangá	漫画
ninja	忍者	nissei	二世
origami	折り紙	poncã	ポンカン
kendô	剣道	quimono	着物
samurai	侍	saquê	酒
sashimi	刺身	sumô	相撲
sushi	寿司	tatami	畳
tempurá	天ぷら	tôfu	豆腐
tsunami	津波	yakuzá	ヤクザ
zen	禅		

❷ 「交通機関」

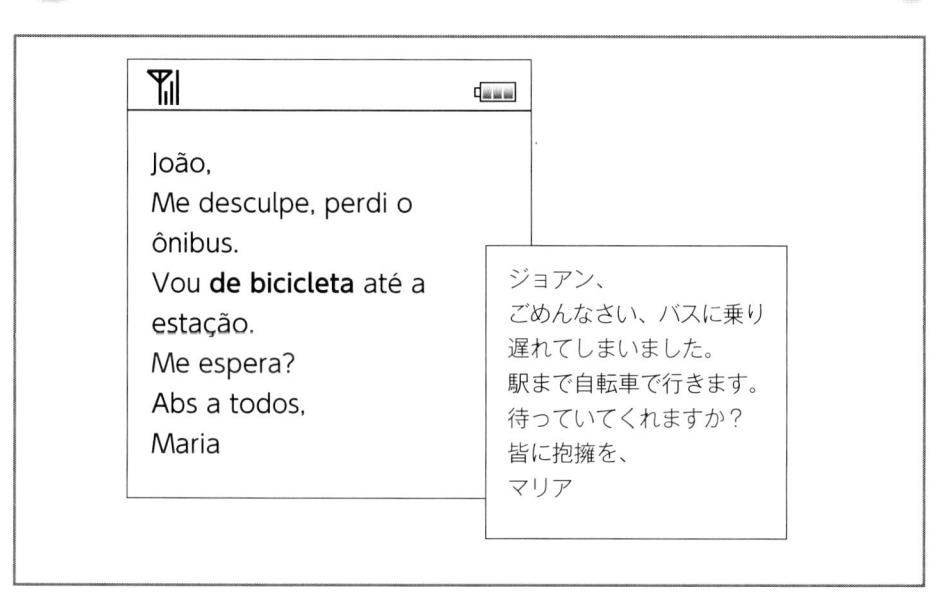

> João,
> Me desculpe, perdi o ônibus.
> Vou **de bicicleta** até a estação.
> Me espera?
> Abs a todos,
> Maria

> ジョアン、
> ごめんなさい、バスに乗り遅れてしまいました。
> 駅まで自転車で行きます。
> 待っていてくれますか？
> 皆に抱擁を、
> マリア

NOTA

交通手段

de ... : ～で

de carro　車で	de ônibus　バスで
de trem　電車で	de táxi　タクシーで
de moto　バイクで	de motoneta　原付で
de bicicleta　自転車で	de avião　飛行機で
de barco　ボートで	de navio　船で
de iate　ヨットで	de caminhão　トラックで
de helicóptero　ヘリコプターで	de metrô　地下鉄で

例外：a pé　歩いて

▶ ＜通勤・通学・交通機関＞に関係する表現

Ando ou vou de bicicleta até a estação todos os dias.
毎日駅まで歩くか、自転車で行きます。

Levo as crianças até a estação de carro.
子供たちを駅まで車で送っていきます。

Meu pai me deixou na estação porque estava chovendo.
雨が降っていたので、父は駅で降ろしてくれました。

Meu irmão veio me buscar de moto na estação.
兄が駅までバイクで迎えに来てくれました。

Como já era muito tarde, voltei de táxi.
夜だいぶ遅かったのでタクシーで帰りました。

Pego o trem das 7h40 (sete horas e quarenta minutos) todas as manhãs.
毎朝7時40分の電車に乗ります。

O trem atrasou 20 minutos por causa da chuva.
大雨で、電車が20分も遅れました。

O trem estava 1 hora parado por causa de um acidente.
事故のため、電車が1時間止まっていました。

O trem estava mais cheio (do) que de costume.
電車がいつもより混んでいました。

Fui vítima de tarado no trem.
車内で痴漢に遭いました。

Estou farto de pegar trem lotado.
混んでいる電車に乗るのはうんざりです。

Baldeio o trem em Umeda para ir até Namba.
難波まで行くのに、梅田で電車を乗り換えます。

Vou ao trabalho junto com o Sr. Inoue.
井上さんと一緒に仕事へ行きます。

Esqueci meu passe hoje.
今日定期券を忘れてしまいました。

Demora 1 hora até o meu trabalho. Mas, felizmente, cheguei a tempo.
会社まで1時間かかります。幸運にも、ぎりぎり仕事に間に合いました。

Atrasei no serviço e levei uma bronca do chefe.
仕事に遅刻してしまい、上司に怒られてしまいました。

Acordei tarde e perdi o trem das 8h.
寝坊してしまい、8時の電車に乗り遅れました。

Vamos até Busan de avião e voltamos de navio.
釜山まで飛行機で行き、船で帰ってきます。

De Tokyo até Osaka, você poderá escolher entre vir de avião ou de trem-bala.　東京から大阪まで来るのに、飛行機か新幹線を選べます。

São 3 horas de trem-bala ou 1 hora de avião.
新幹線だと3時間で飛行機だと1時間です。

③「待ち合わせ時間に遅れます」

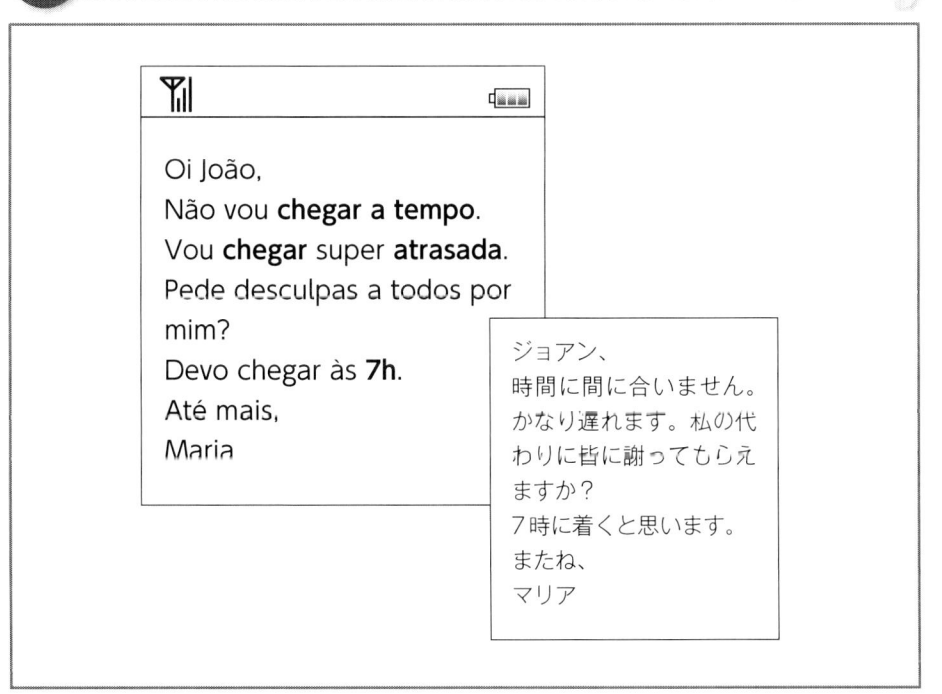

Oi João,
Não vou **chegar a tempo**.
Vou **chegar** super **atrasada**.
Pede desculpas a todos por mim?
Devo chegar às **7h**.
Até mais,
Maria

ジョアン、
時間に間に合いません。
かなり遅れます。私の代わりに皆に謝ってもらえますか？
7時に着くと思います。
またね、
マリア

> De novo, Maria?
> Semana passada ficamos te esperando por **2 horas**.
> Reservei o boliche às **7h30**.
> Estamos te esperando.
> João

> マリア、また？
> 先週僕達は２時間も待っていたんだよ。
> ボーリングは７時半に予約しました。
> 皆、待っています。
> ジョアン

NOTA

時間に早く着く、遅れる

chegar	cedo demais	早く着きすぎる
	cedo	早く着く
	a tempo	間に合うように着く
	na hora	時間に着く
	em cima da hora	ギリギリに着く
	tarde	遅く着く
	atrasado	遅れる

NOTA 1

時刻の表し方

午前（A）時
(A) horas da manhã.
(A)h da manhã.

 午前（朝から）～時 ... da manhã
 午後（夕方まで）～時 ... da tarde
 夜の～時   ... da noite
 夜中の～時   ... da madrugada

記号を使う場合、数字と記号の間にスペースは入れません。
時間の記号：h 分の記号：min 秒の記号：s

 A reunião será realizada às **15h** (quinze horas).
 会議は15時に開催されます。
 A eclipse lunar está prevista para **19h37min** (dezenove horas e trinta e sete minutos).
 月食は19時37分に発生予定です。
 O Grande Terremoto de Hanshin Awaji ocorreu às **05h46min52s** (cinco horas, quarenta e seis minutos, e cinquenta e dois segundos). 阪神淡路大震災は5時46分52秒に発生しました。

時刻ではなく時間を表す場合、記号（h）ではなく、horasで書きます。
 A viagem dura 20 **horas**.
 旅は20時間かかります。
 A inscrição se encerra em **24 horas**.
 締切は24時間後です。

NOTA 2

時刻に関する情報：às＋時刻（何時に）

 Eu acordei às 7h da manhã. 私は朝7時に起きました。
 O voo é às 4h30 da tarde. 午後4時半の便です。
例外： Nós vamos à 1h da tarde.
 私たちは1時に行きます。（*1は単数なので、「s」がつきません）
 Ontem, voltei à meia-noite.
 昨日、夜中の12時に帰宅しました。（*meia-noiteは単数なので、「s」がつきません）
 A aula termina ao meia-dia. 授業は正午に終わります。

▶ ＜時間＞に関係する表現

É horário de verão no Brasil? Que horas são agora?
ブラジルは夏時間ですか？今、何時ですか？

É madrugada no Brasil agora? São 2h da tarde no Japão.
ブラジルは今夜中ですか？　日本は午後2時です。

A que horas posso te mandar o e-mail?
何時にメールを送ったらいいですか？

Posso te ligar a qualquer hora?
何時でも電話していいですか？

O meu trabalho começa às 8h40 e termina às 17h40.
私の仕事は8時40分に始まり、5時40分に終わります。

O intervalo para o almoço é de 12h à 1h. Vou te responder nesse horário.
お昼休みは12時から1時までです。その時間にあなたに返信します。

Então, nos encontramos às 10h.
じゃあ、10時に会いましょう。

Não me ligue depois das 9h da noite porque já estou dormindo.
夜の9時以降は寝ているので、電話をかけないでください。

Eu quero fazer reserva para dois, amanhã às 7h da noite.
明日の夜7時に、2人分の予約をしたいのです。

▶ ＜ドタキャン＞などに関係する表現

Posso desmarcar o compromisso de hoje?
今日の約束をキャンセルしていいですか？

Desculpe, tenho que adiar a reunião.
すみませんが、会議を延期しなければなりません。

Terei que cancelar a viagem.
旅行をキャンセルしなければなりません。

Você terá que desmarcar o jantar.
あなたは夕食の予定を変更しなければなりません。

Vamos combinar para outro dia.
他の日に決めましょう。

Vamos trocar. Em vez de hoje vamos amanhã.
今日ではなく、明日に変更しましょう。

Poderíamos nos encontrar outro dia?
別の日にお会いできますか？

Não vou chegar a tempo. Poderia mudar o horário?
間に合いません。時間を変更してくださいますか？

Vai cancelar o compromisso em cima da hora de novo?
またドタキャンですか？

NOTA

時間を表す語句

hoje 今日		ontem 昨日	
anteontem おととい			
amanhã 明日		depois de amanhã 明後日	
semana passada 先週		semana que vem 来週	
mês passado 先月		mês que vem 来月	
ano passado 去年		ano que vem 来年	
fim de semana 週末		final do mês 月末	
todos os dias （口語表現では todo dia も） 毎日			
todo o dia / o dia todo 一日中			
todas as noites （口語表現では toda noite も） 毎晩			
toda a noite / a noite toda 一晩中			
próxima semana 翌週		próximo mês 翌月	
próximo ano 翌年			

4 「ラブレター」

Boa noite Maria,
Você deve estar surpreso recebendo de repente um e-mail assim de mim.
Estou escrevendo para expressar os meus sentimentos.
Eu estou apaixonado por você. Sabia?
Não quero ser só seu amigo.
Quero ser seu namorado.
Me dê uma **chance**.
João

マリア、こんばんは
私からこのような突然のメール、驚いているでしょう。
あなたに気持ちを伝えたくて書いています。
私はあなたに恋しています。知ってましたか？
あなたの友達だけでは物足りません。
あなたの恋人になりたいのです。
私にチャンスをください。
ジョアン

NOTA

chの発音

chはチャ行ではなく、シャ行の発音になるので注意しましょう。

chá [シャー] お茶
chapéu [シャペウ] 帽子
cheiro [シェイロ] 匂い
chiclete [シクレッチ] ガム
China [シナ] 中国

chance [シャンセ] チャンス
chegar [シェガル] 着く
cheque [シェッケ] 小切手
chinelo [シネロ] ゴムぞうり
chocolate [ショコラッチ] チョコレート

chope [ショッピ] 生ビール　　chorar [ショラル] 泣く
chuva [シュヴァ] 雨　　　　chuveiro [シュヴェイロ] シャワー
churrasco [シュハスコ] シュラスコ

▶ ＜思い＞を伝える表現

Não sei se você se lembra de mim. Nós nos encontramos na festa do Paulo, na semana passada. Eu soube do seu e-mail por ele.
覚えているでしょうか。先週友人パウロのパーティーでお会いしました。彼にメールアドレスを聞いたのです。

Estou escrevendo porque tenho vergonha de falar diretamente com você.
面と向かって伝えるのは恥ずかしいので、書いています。

Foi amor à primeira vista. Quero muito conhecer você.
一目ぼれです。あなたのことをもっとよく知りたいのです。

Estou profundamente apaixonado por você.
あなたに深く恋しています。

Eu só penso em você.
あなたのことしか考えられません。

Não se surpreenda. Eu te amo.
驚かないでください。あなたを愛しています。

Não tenho palavras para expressar o quanto gosto de você.
とても言葉ではいえないほど、あなたが好きです。

Eu me sinto feliz só de estar perto de você.
あなたのそばにいるだけで私は幸せな気分になります。

Você é a pessoa dos meus sonhos.
あなたは私の理想にぴったりです。

Você é uma pessoa especial pra mim.
あなたは私にとって特別な人なのです。

Espero ter você sempre ao meu lado.
あなたがいつも私のそばにいてくれたら、と思います。

Penso em você noite e dia.
寝ても覚めてもあなたのことばかり考えています。

Quero ser sua namorada.
私はあなたの恋人になりたい。

Se você não tem namorado, poderia sair comigo?
もしあなたに恋人がいないなら、私とデートしていただけませんか。

Quero me encontrar mais uma vez com você. Entre em contato comigo.
もう一度あなたに会いたいのです。どうか連絡してください。

Que tal sairmos um dia, tomarmos um cafezinho e conversarmos com calma?
今度コーヒーでも飲みながら、ゆっくりお話ししてもらえないでしょうか。

Espero por uma boa resposta.
よいお返事を待っています。

5 「聞きましたよ！」

Oi Maria,
Ouvi dizer que você e o João estão namorando.
Parabéns!!
Me conte os detalhes.
Quero saber de tudo ;-)
Júlia

マリア、
あなたとジョアンが付き合っていると聞きました。
おめでとう！！！
詳しく教えてね。全部知りたい！(^_-)
ジュリア

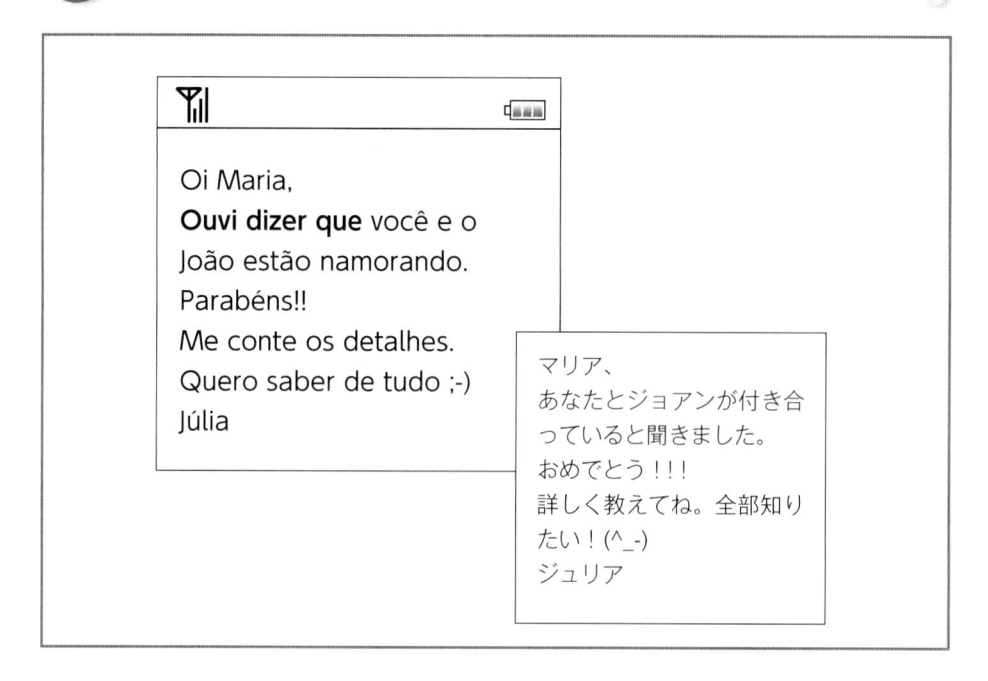

NOTA

＜思うこと・聞いたこと・感じたこと＞に使える便利な動詞

achar que ...	〜ということを思う
pensar que ...	〜ということを考える
compreender que ...	〜ということを理解する
imaginar que ...	〜ということを想像する
esperar que ...	〜ということを期待する
desejar que ...	〜ということを望む
ouvir dizer que ...	〜ということを聞き知っている
sentir que ...	〜ということを感じる
acreditar que ...	〜ということを信じる

▶ ＜思うこと・聞いたこと・感じたこと＞に関係する表現

Eu acho que hoje vai chover.
今日は雨が降ると思います。

Eu não acho que isso seja certo.
私はそれが正しいと思いません。

Será que ele pensa que todos estão de acordo com ele?
全員が賛成していると彼は考えているのでしょうか？

Não compreendo por que os dois não se separam. Ouvi dizer que eles vivem brigando.
なぜ二人が別れないのか理解できません。喧嘩ばかりしていると聞きました。

Minha mãe deve estar imaginando que vamos nos casar.
母は私たちが結婚すると想像しているのだと思います。

Eu espero que tudo **dê certo** no final.
最後にはすべてが上手くいくことを期待しています。
(*dê は dar の接続法現在 3 人称単数：dar certo（成功），dar errado（失敗））

Desejamos que vocês sejam muito felizes.
あなた方がとても幸せになることを願っています。

Ouvi dizer que vocês vão se casar. Verdade? E não conta nada pra mim!!
あなたたちが結婚すると聞きました。本当ですか？　それなのに、私に何も言ってくれないのですね！！

A minha filha sente que não dou a mínima para ela.
娘は私が彼女に無関心だと感じているみたいです。

Eu sinto que estou ficando estressada.
ストレスがたまってくるのを感じます。

Eu não acredito que você esteja falando sério.
あなたが本気で言っているとは信じられません。

Acredito que vou conseguir o que eu quero.
欲しいものは手に入れられると信じています。

Meu marido sempre diz que **gasto** demais.
夫は私が浪費家だといつも言っています。(*gastar　費やす)

Meu marido sempre diz que **gosto** demais dele.
夫は私が夫に夢中だといつも言っています。(*gostar　好きである)

6 「寝坊しました」

Oi João,
Acordei super **tarde** hoje!
Dormi tarde, às 3h ... e o despertador não tocou ...
Pode pegar o meu lugar na aula de **Psicologia**?
Bjos,
Maria

ジョアン、
今日、すごく寝坊した！
夕べ遅く、3時に寝て…　目覚ましが鳴らなかったの…
心理学の授業で私の席を取ってもらえる？
キス、
マリア

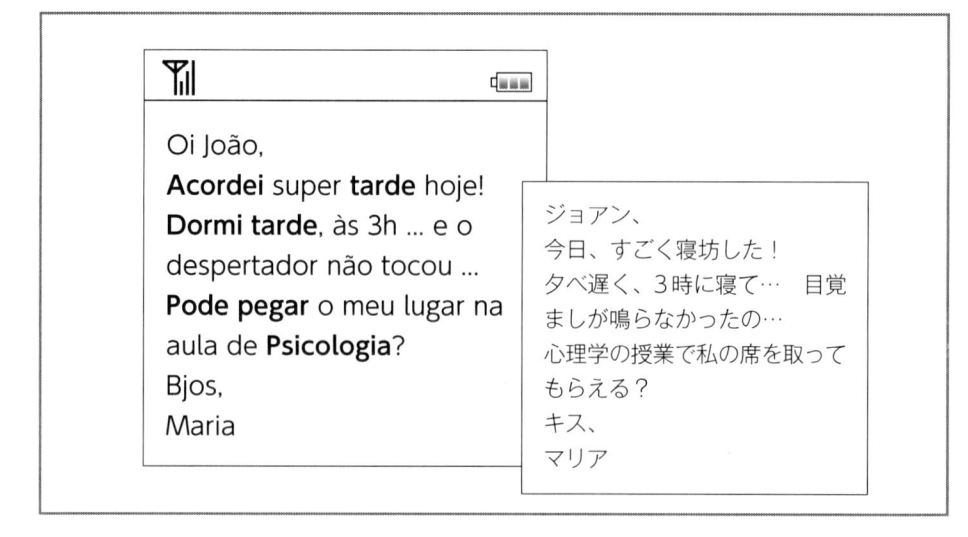

NOTA 1

早寝・早起き / 夜更かし・朝寝坊

dormir	cedo	早く寝る
	tarde	遅く寝る
acordar	cedo	早く起きる
	tarde	遅く起きる

NOTA 2

～してもらえますか？

下に行くほど丁寧な表現になります。

  Pode ＋動詞の原形 ～してもらえますか?
  Podia ＋動詞の原形 ～してくださいますか?
  Poderia ＋動詞の原形 ～していただけますか?

Você pode me fazer um favor?
お願いを聞いてもらえますか？
Podia enviar o arquivo mais uma vez?
もう一度ファイルを送ってくださいますか？
Poderia me passar informações detalhadas da sua escola?
貴校の詳細な情報を頂けますか？

NOTA 3

授業科目を表す語句

aula de ... ～の授業 turma de ... ～のクラス estudo de ... ～の勉強

Língua Japonesa	日本語 / 国語	Matemática	数学
Física	物理	História Japonesa	日本史
Biologia	生物	Química	化学
História Geral	世界史	Economia	経済
Geografia	地理	Administração	経営
Sociologia	社会学	Pedagogia	教育学
Educação Física	体育	Inglês	英語
Português	ポルトガル語	Literatura Brasileira	ブラジル文学
Expressão Oral em Português	ポルトガル語口語表現		

NOTA 4

2重子音の発音

いくつかの2重子音は、音節分けだけでなく、発音上の注意も必要です。音声面では最初の子音がウ段ではなく、イ段の音になっているのに注意してください。

bs	observar	ob-ser-var	オビセルヴァル	観察する
bt	obter	ob-ter	オビテル	手に入れる
ct	aspecto	as-pec-to	アスペキト ＊ちなみに、ポルトガルではcは無音で、(アスペト)になります	局面
dj	adjetivo	ad-je-ti-vo	アジジェチヴォ	形容詞
dm	admitir	ad-mi-tir	アジミチル	認める
dv	advogado	ad-vo-ga-do	アジヴォガド	弁護士
ft	afta	af-ta	アフィタ	口内炎
gn	dignidade	dig-ni-da-de	ジギニダジ	威厳
tm	ritmo	rit-mo	ヒチモ	リズム
pn	pneumonia	pneu-mo-nia ＊語頭では分けない	ピネウモニア	肺炎
ps	psicologia	psi-co-lo-gi-a ＊語頭では分けない	ピシコロジア	心理学

▶ ＜目覚める＞に関係する表現

A que horas você costuma acordar aos domingos?
日曜日はいつも何時に起きますか？

Você já acordou? Posso te ligar daqui a pouco no telefone fixo?
もう起きましたか？もう少ししたら、固定電話に電話していいですか？

Acordei às 7h da manhã hoje antes do despertador.
今朝は目覚ましが鳴る前の7時に起きました。

Acordei várias vezes de noite por causa do calor.
夜、暑くて数回目が覚めました。

Desliguei o despertador sem dar conta.
知らないうちに目覚ましを止めてしまいました。(sem dar conta　気づかないうちに)

Normalmente fico acordado até às 3h ou 4h da madrugada.
私はたいてい夜中の3時か4時まで起きています。

Ontem meu filho estava fazendo o dever de casa até às 3h da madrugada.　息子は夜中の3時まで宿題をしていました。

Não consegui pregar o olho ontem, por isso, fiquei bocejando o dia todo.　昨日は一睡もできなかったので、一日中あくびが出ていました。

Por que ninguém me acordou?
どうして誰も起こしてくれなかったのですか？

Estou com sono porque ontem passei a noite em claro estudando.
私が眠いのは、昨日徹夜して勉強したからです。

Estava lendo um livro a noite toda.
夜通し本を読んでいました。

Minha cabeça estava na lua o dia todo por falta de sono.
睡眠不足で一日中ボーっとしていました。

Amanhã preciso acordar cedo. Podia passar um e-mail pra me acordar?
明日は早起きしないといけません。おはようメールを入れてもらえますか？

▶ ＜寝る＞に関係する表現

A que horas você sempre dorme?
いつも何時に寝ますか？

Posso te ligar até que horas?
何時までなら電話してもいいですか？

Eu te mandei uma mensagem ontem, mas você não me respondeu. Já estava dormindo?
昨日メッセージを送りましたが、返事をもらえませんでした。もう寝ていたのですか？

Fui para a cama às 11h ontem à noite.
昨夜は11時に寝ました。（ir para a cama　床につく）

Me falta sono ultimamente. Não consegui pegar no sono ontem e ainda tive um pesadelo.
最近睡眠不足です。夕べはなかなか眠れなかった上に悪い夢も見ました。

Dormi logo que voltei do trabalho.
仕事から帰ってすぐに寝ました。

Fiquei na cama até o meio-dia.
今日はお昼までベッドでゴロゴロしていました。

Durmo mais ou menos seis horas por dia. Hoje dormi demais.
毎日大体6時間睡眠をとります。今日は寝すぎてしまいました。

Dormi só três horas. Acordei de madrugada e não consegui mais dormir. 3時間しか寝ていません。夜中に目が覚めて、それから寝られなかった。

Sempre leio um conto infantil para a minha filha antes de dormir. Tem alguma recomendação?
寝る前、娘に絵本を読むのです。何かお勧めはありますか？

Fiquei deitado um pouco à tarde. Preciso dormir cedo hoje.
午後は少しだけ横になりました。今晩は早く寝ないといけません。

Não consegui pegar no sono ontem e, por isso, dormi demais hoje.
昨日は少しも寝られなかったので、今日は寝過ごしてしまいました。

Estava cochilando na aula. Quero dormir com calma hoje à noite.
授業中にうとうとしていました。今夜はゆっくり寝たいと思います。

Me canso fácil ultimamente.
最近は何しても疲れてしまいます。

Meu irmão disse que eu estava roncando. Eu ronco?
兄にいびきをかいていたと言われました。私、いびきかきますか？

Sonhei que acertei na loteria, e além disso, o Brad Pitt também apareceu no sonho.
宝くじが当たった夢を見ました。それに、ブラッド・ピットが夢に出てきました。

Sonhei com você. Proibido para menores de 18 anos.
あなたの夢を見ました。18歳未満禁止。

Pousei na casa do Riki ontem. Dormi bem.
昨夜はリキの家に泊まりました。よく眠れました。

Hoje tem festa do pijama em casa.
今夜はうちでパジャマ・パーティーがあります。

Se não tiver mais trem, pode dormir em casa.
終電がなくなったらうちに泊まってもいいですよ。

Eu não tenho cama. Você consegue dormir no *futon*?
家にはベッドがないのですが、布団でも眠れますか？

7 「家の掃除」

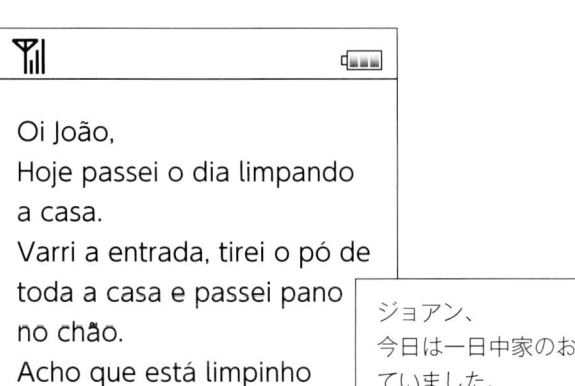

> Oi João,
> Hoje passei o dia limpando a casa.
> Varri a entrada, tirei o pó de toda a casa e passei pano no chão.
> Acho que está limpinho para visitas.
> A que horas vocês vêm?
> Bjos,
> Maria

> ジョアン、
> 今日は一日中家のお掃除をしていました。
> 玄関を掃いて、家中にはたきをかけて、床に雑巾がけをしました。
> お客様のためにピカピカになっていると思います。
> あなた達は何時に来ますか？
> キス、
> マリア

▶ ＜掃除・ベッド・洗濯＞に関係する表現

Eu adoro limpar a casa. Eu sou muito caseira.
私は家を掃除するのが大好きです。私はとても家庭的なのです。

Passo esfregão todo final de semana.
毎週末、モップをかけています。

Odeio limpar a casa. Quero um robô de limpeza.
掃除は大嫌いです。お掃除ロボットが欲しい。

Passei o aspirador no quarto. Não adianta limpar direito **que** logo suja.
部屋に掃除機をかけました。いくらきれいにしてもすぐ汚れます。(*que = porque)

Como o tempo estava bom, **sequei** a coberta ao sol.
天気が良かったので布団を干しました。
(*-carや-garで終わる動詞は、直説法完全過去1人称単数と接続法現在の語幹が**-qu-**, **-gu-**になります。secar: sequei / seque　乾かす，ficar: fiquei / fique　留まる，pagar: paguei / pague　払う，obrigar: obriguei / obrigue　強制する)

Meu filho nunca faz a cama. Troquei o lençol dele.
息子は万年床です。彼のシーツを取り替えました。

Meu vizinho faz um barulhão lavando as roupas de madrugada. Eu lavo as roupas na parte da manhã.
お隣さんは夜中に洗濯をするのでうるさい。私は午前中に洗濯をします。

Lavo as roupas logo que volto para casa.
私は仕事から帰ったら洗濯をします。

Comprei uma máquina integrada de lavar e secar. Como tenho secadora, não preciso mais me preocupar com o tempo.
洗濯乾燥機一体型を買いました。乾燥機があるのでもう天気の心配は必要ありません。

Lavo roupas a cada dois dias. Hoje é um dia ótimo para lavar roupas.
一日おきに洗濯をします。今日は洗濯日和です。

Levei as roupas na lavanderia porque minha máquina está quebrada.
洗濯機が壊れているのでクリーニングに出しました。

Usei alvejante para tirar manchas, mas a mancha de sangue não saiu. Você sabe como tirar?
染みを落とすために漂白剤を使いましたが、血の染みは取れませんでした。取るにはどうしたらいいか知っていますか？

Não tem espaço para secar as roupas no varal.
洗濯物を干す場所がありません。

Chove todos os dias e as roupas não secam.
毎日雨で洗濯物が乾きません。

Tirei rapidamente as roupas do varal porque começou a chover.
雨が降り始めたので急いで洗濯物を取り込みました。

Minha filha me ajudou a dobrar as roupas.
娘が洗濯物をたたむのを手伝ってくれました。

Esta camisa fica logo enrrugada. Deveria ter levado à lavanderia.
このシャツはしわになりやすい。クリーニングに出しておけばよかった。

Estava escrito para lavar com água morna.
ぬるま湯で洗うように書いてありました。

Esqueci de colocar amaciante.
柔軟剤を入れるのを忘れてしまいました。

Lavei meu suéter preferido e ele encolheu. Deveria ter lavado à mão.
お気に入りのセーターを洗ったら縮んでしまいました。手洗いにすればよかった。

Lavei, mas a mancha da camisa não saiu.
洗ってもシャツのしみが落ちませんでした。

Lavei meu jeans e ele descoloriu.
洗濯したらジーンズが色落ちしてしまいました。

Minha mãe seca as roupas íntimas à vista. Que feio ...
母は見えるところに下着を干します。いやだなあ…

NOTA

Eletrodomésticos e mobília 家電製品や家具など

Limpar o/a ...: 〜を清掃する
Passar o pano no (em+o) /na (em+a) ...:〜を拭く

- (o) aparelho de som　音響機器
- (o) aspirador de pó　掃除機
- (o) fogão　レンジ
- (o) forno　オーブン
- (o) congelador　冷凍庫
- (a) secadora　乾燥機
- (a) lavadora de louça　皿洗い機
- (a) escrivaninha　デスク
- (a) cadeira　椅子
- (a) cama　ベッド
- (o) armário　クローゼット
- (o) travesseiro　枕
- (o) estéreo　ステレオ
- (a) cafeteira　コーヒーメーカー
- (o) micro-ondas　電子レンジ
- (a) geladeira　冷蔵庫
- (a) lavadora　洗濯機
- (o) vídeo　ビデオデッキ
- (o) sofá　ソファ
- (a) mesa　テーブル
- (o) chão　床
- (a) estante　棚
- (o) colchão　マットレス
- (o) carpete　カーペット

8 「手料理」

João,
Hoje vou fazer macarronada.
Venha comer em casa.
Você podia comprar **pomarola** no caminho?
Ah, e o **bombril** também, por favor.
Estou te esperando.
Bjos,
Maria

ジョアン、
今日はスパゲティを作ります。
家に食べに来てください。
途中でポマロラ（トマトピューレ）を買ってきてもらえますか？
あ、それから、ボンブリウ（金属製たわし）もお願い。
あなたを待っています。
キス、
マリア

NOTA

商品名 nome de marca

ポルトガル語の中には商品名 nome de marca がそのまま名詞になって使用されているものがあります。誰もが理解できるものが多いので、日常的にその単語を使ってももちろん構いません。ですが、ビジネスなどで、知らずにライバル会社の商品名を使うと、困ったことになるかもしれませんので、一般名詞への言い換えの知識も大切です。ここでは、よく知られている名詞になっている商品名と一般名詞を紹介します。それぞれの読み方も参考にしてください。

4 携帯メールの文例

ban-daid バンデイジ	curativo, bandagem	バンドエイド
bombril ボンブリウ	lã de aço	金属製たわし
catupiri カトゥピリ	requeijão cremoso	クリームチーズ
chicletes シクレチス	goma de mascar	ガム
cotonetes コトネチス	haste flexível	綿棒
danone ダノニ	iogurte	ヨーグルト
durex ドゥレッキス	fita auto adesiva	セロテープ
gillete ジレッチ	lâmina de barbear	髭そり用の剃刀
havaianas アヴァイアナス	sandálias de borracha	ゴムサンダル
lambreta ランブレッタ	moto pequena	スクーター
leite moça レイチ・モッサ	leite condensado	練乳
maizena マイゼナ	amido de milho	コーンスターチ
modess モジス	absorvente íntimo	生理用品
pomarola ポマロラ	extrato de tomate	トマトピューレ
rímel ヒメウ	maquiagem para os olhos	マスカラ
xerox シェロッキス	fotocópia	コピー
yakult ヤクウチ	probiótico, leite fermentado	ヤクルト
zipper ジッペル	fecho eclair	ジッパー

▶ ＜料理・外食＞に関係する表現

Fiz sanduíche e salada de frutas no café da manhã.
朝食にサンドイッチとフルーツサラダを作りました。

Normalmente almoço no refeitório da empresa, mas, hoje fui a um restaurante francês.
昼はたいてい社員食堂で食べますが、今日はフランス料理店に行きました。

Grelhei peixe, ficou cru. Fritei ovo, queimou. Quero aprender a cozinhar.
魚を焼いたら生焼けでした。卵を焼いたら真っ黒になりました。料理を習いたいです。

Fiz refogado de verduras. A propósito, você descasca a cenoura? Ou não?　野菜炒めを作りました。ところで、あなたはニンジンの皮ってむきますか？　むきませんか？

Fiquei espantado quando vi meu pai lavar o arroz com detergente.
父がお米を洗うとき洗剤を使ったのでびっくりしました。

Sou uma péssima cozinheira. Não estou com ânimo para cozinhar hoje.
私は料理音痴です。今日は料理をする気分じゃありません。

Eu gosto de **cozinhar**. Minha esposa gosta de ficar na **cozinha**, mas, não gosta muito de cozinhar.
僕は料理が好きです。妻はキッチンにいるのは好きですが、料理を作るのはあまり好きではありません。(*cozinha　名詞：キッチン，　cozinhar　動詞：料理する)

Minha mãe é uma ótima cozinheira. Ela faz uma lasanha magnífica.
母は料理が上手です。彼女は素晴らしいラザニアを作るんですよ。

Hoje era o meu dia de cozinhar, mas esqueci.
今日は私が夕食を作る番だったのに、忘れていました。

Meu marido cozinha melhor do que eu.
私より夫の方が料理は上手です。

Pela primeira vez fiz um jantar para o meu namorado.
彼氏に初めて夕食を作りました。

Todas as manhãs eu preparo o lanche para as crianças. Mas é trabalhoso preparar o lanche todos os dias.
私は毎朝子どもにお弁当を作りますが、毎日お弁当を作るのは面倒です。

Eu sempre compro o meu lanche na loja de conveniência.
私はいつもコンビニでお弁当を買います。

Estou comendo fora todos os dias desde que comecei a trabalhar. Pelo contrário, meus pais quase nunca comem fora.
働き始めてから私は毎日外食しています。反対に、両親はめったに外食しません。

De vez em quando saímos em família para comer fora. Jantamos num restaurante brasileiro na noite passada.
時々家族で外食します。昨夜はブラジルレストランで夕食を食べました。

Almocei no **McDonald**. À noite, pedi 2 (duas) pizzas.
昼はマクドナルドで食べました。夜はピザを2枚注文しました。
(*McDonald 発音は［メキドナウジ］)

Tenho só 45 (quarenta e cinco) minutos para o intervalo de almoço na faculdade. Demoro para fazer o meu pedido.
大学の昼休みは45分しかありません。注文を決めるのに時間がかかります。

O restaurante que fui ontem tinha uma atmosfera exótica e uma vista espetacular. 昨日行ったレストランは異国の雰囲気で、眺めが素晴らしかったです。

Eu e meu namorado sempre dividimos a conta.
彼氏とはいつも割り勘にしています。

Ontem paguei o almoço ao meu colega de serviço. O serviço daquele restaurante é horrível. E olha que é caro.
昨日、同僚にランチをおごりました。あのレストランのサービスは最低。値段は高いのに。

É um restaurante famoso mas é muito caro para mim.
有名なレストランだけど私には高級すぎます。

9 「仕事はどうですか？」

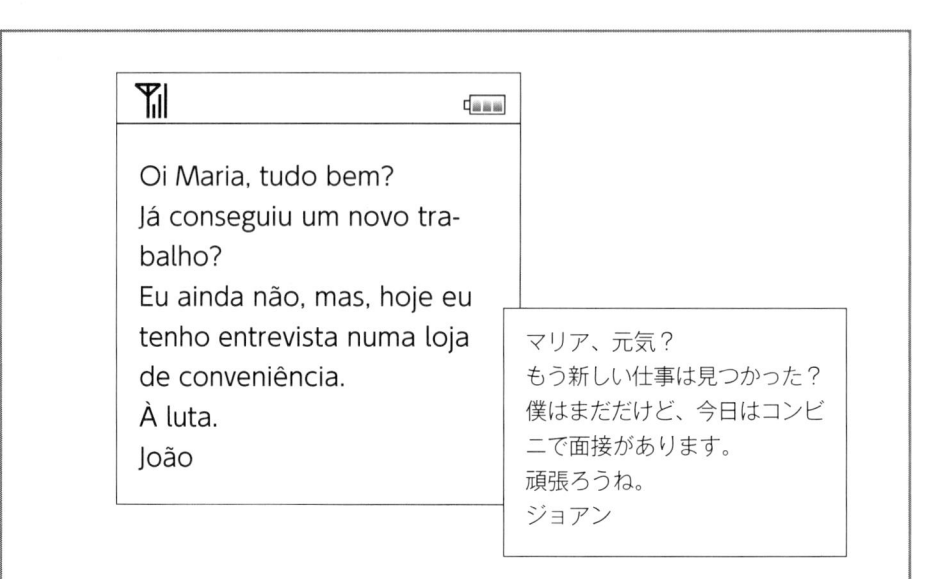

```
Oi Maria, tudo bem?
Já conseguiu um novo tra-
balho?
Eu ainda não, mas, hoje eu
tenho entrevista numa loja
de conveniência.
À luta.
João
```

マリア、元気？
もう新しい仕事は見つかった？
僕はまだだけど、今日はコンビニで面接があります。
頑張ろうね。
ジョアン

▶ ＜仕事＞に関係する表現

Consegui um **emprego**. Fiquei aliviado por **encontrar** um **trabalho**.
仕事が決まりました。仕事が見つかってほっとしました。
(*「仕事・職（trabalho / emprego）が見つかる」と言う際に使える動詞を紹介します。あまり差異はないので、どれでも使えます：arranjar　獲得する，conseguir　達成する，arrumar　手に入れる，encontrar　見つける，achar　探して見つける)

Ainda não consegui um emprego.
就職がなかなか決まりません。

O trabalho é por tempo integral. Estou cheio de vontade.
仕事はフルタイムです。やる気満々です。

É o dia de pagamento do salário. Tive um aumento porque fui promovido.
給料日です。昇進して給料が上がりました。

Amanhã é o dia de pagamento da bonificação.
明日はボーナス支給日です。

Não temos bonificações este ano. Acredita?
今年はボーナスが出ないんです。信じられますか？

Todos me chamam de Mônica no local de trabalho.
仕事場ではモニカと呼ばれています。

Participei de uma reunião à tarde e amanhã também tenho outra reunião importante.
午後、会議に出席して、明日も大事な会議があります。

Fui despedido. Não tenho sorte no trabalho.
クビになりました。仕事運がありません。

Meu salário é baixo e, ainda por cima, não acho nada de interessante o meu trabalho.
給料は安いし、その上、仕事はまったく面白くありません。

Fui promovido para uma posição administrativa. Esta companhia adota o sistema de hierarquia por tempo de serviço.
管理職に昇進しました。この会社は年功序列制です。

Quero me demitir. O trabalho é puxado.
会社を辞めたい。仕事がきついのです。

Não estou indo bem no trabalho. Não quero ir trabalhar.
仕事がうまくいかない。会社へ行きたくありません。

O trabalho é muito chato. Não tenho vontade de trabalhar firme.
仕事がつまらない。一生懸命仕事をする気になれません。

Fiquei decepcionado com o resultado.
結果にがっかりしました。

Estava fora a negócio a semana toda.
今週はずっと出張でした。

Vou a Tokyo a negócio.
出張で東京に行きます。

Minha garganta sempre dói porque meu chefe fuma. Quero que faça uma sala para fumantes.
上司がタバコを吸うからいつも喉が痛い。喫煙室を作って欲しいです。

Estou perdido. Não me dou bem com os colegas do trabalho.
途方にくれています。同僚と合わないのです。

Nossa companhia está à beira da falência. Quero mudar de emprego.
会社は倒産の危機にあります。転職したい。

Decidi sair da companhia.
会社を辞める決心をしました。

Estou atarefado. Preciso da ajuda de todos.
忙しい。皆の助けが必要です。

As negociações foram bem. Consegui um contrato.
交渉がうまくいった。契約が取れました。

Fiz hora extra até às 9h. Estou estressado.
9時まで残業しました。ストレスがたまっています。

Meu secretário é muito eficiente.
私の秘書は有能です。

Procurar emprego causa estresse.
就職活動はストレスがたまります。

Não estou para este trabalho. Será melhor mudar de emprego?
この仕事に向いていません。転職した方がいいでしょうか？

Gosto do meu trabalho. O trabalho é divertido.
自分の仕事が好きです。仕事が楽しい。

É um serviço fácil.
楽な仕事です。

É trabalhoso mas vale a pena.
大変だけど、やりがいのある仕事です。

Ai, segunda-feira de novo. Não quero ir trabalhar.
また月曜日。仕事に行きたくありません。

Ensinei o trabalho a um novato. Não sei o que fazer para animar meus subordinados.
新人に仕事を教えました。部下にやる気がなくて困っています。

Telefonei ao chefe.
上司に電話をかけました。

Hoje tive muitos telefonemas sem parar.
今日は電話がひっきりなしにたくさんかかってきました。

Tirei muitas cópias e a copiadora travou.
たくさんコピーを取ったのでコピー機が詰まってしまいました。

Fui transferido para outra seção. Por isso, enviei e-mail aos clientes.
他の部署に配属になったので、クライアントにメールを送りました。

Passei por maus bocados no trabalho hoje. Por que eu devo servir chá para todo mundo?
今日仕事で嫌なことがあった。なぜ私が皆にお茶を出さないといけないのでしょうか？

Respondi aos e-mails e mandei o mapa por fax.
返信メールを送って、ファックスで地図を送りました。

Fiz uma apresentação ontem. Fiquei nervoso mas o chefe me elogiou.
昨日プレゼンテーションがありました。どきどきしたけれど上司に褒められました。

Todos me elogiaram pelo bom trabalho que fiz.
皆がよくやったと褒めてくれます。

Meu namorado é obcecado pelo trabalho. Faz horas extras todos os dias e está cheio de trabalho.
彼氏は仕事中毒だと思います。毎日残業して、仕事に追われています。

Eu trabalho firme. Muitos me dizem que trabalho demais.
私は仕事熱心です。よく働きすぎだと言われます。

Aceitei um trabalho muito difícil. Preciso terminar este projeto até amanhã. 大変な仕事を引き受けてしまった。明日までにこのプロジェクトを仕上げなければなりません。

Preciso receber os materiais para a reunião.
会議の資料を受け取る必要があります。

A companhia de seguro onde trabalho adota o sistema de salário anual estipulado.
私が働いている保険会社は年俸制です。
(*companhia は株式会社 (S.A.=Sociedade Anônima)、empresa は企業全般を指します。このセクションの例文に出てくる companhia と empresa は入れ換え自由です）

O ar condicionado é muito forte dentro do escritório e a temperatura estabelecida dentro da fábrica é muito alta.
事務所内はエアコンが効きすぎだし、工場内は暖房の設定温度が高すぎます。

10 「両親が会いたいと言っています」

Querida Maria,
Meus pais **querem conhecer** você.
A minha mãe vai fazer uma feijoada no sábado e **quer** te **convidar**.
Ela é uma pessoa maravilhosa. Você vai gostar.
Dá para vir?
Bjos,
João

愛しいマリア、
両親が君に会いたいと言っています。
母が土曜日にフェイジョアーダを作るので、招待したいそうです。
母は素晴らしい人で、きっと気に入りますよ。来ることはできますか？
キス、
ジョアン

João,
Claro que sim. Obrigada pelo convite.
Quero também **conhecer** os seus pais. Será que eles vão gostar de mim?
Preciso agradar os meus futuros sogros, não é mesmo?
Eu te amo.
Maria

ジョアン、
もちろん、行きます。招待してくれてありがとう。
ご両親と会うのは楽しみです。私のことを好きになってくれるでしょうか？
将来の義父母に気に入られないといけませんよね。そうでしょう？
愛しているわ。
マリア

4 携帯メールの文例

NOTA 1
家族

pais 両親	pai 父	mãe 母	avós 祖父母
avô 祖父	avó 祖母	irmãos 兄弟姉妹	irmão 兄弟
irmã 姉妹	marido 夫	esposa 妻	filhos 子ども達
filho 息子	filha 娘	neto(a) 孫	sogros 義父母
sogro 舅	sogra 姑	cunhado 義兄弟	cunhada 義姉妹
casal 夫婦	criança 子供	bebê 赤ちゃん	sobrinho 甥
sobrinha 姪	tio おじ	tia おば	primo(a) いとこ
namorado(a) 恋人	noivo(a) 婚約者		

NOTA 2
便利な表現

Querer ＋動詞（〜したい）
Dá para ＋動詞の原形（〜することができる）
Precisar ＋動詞の原形（〜することが必要だ、〜しなければならない）

A Maria quer escrever para você. Você poderia responder?
マリアがあなたに手紙を書きたいそうです。返信していただけますか？

Dá para ligar a cobrar do Japão para o Brasil?
日本からブラジルへコレクトコールをかけることができますか？

Eu preciso emagracer uns 5kg (cinco quilos / quilogramas) até o verão para usar aquele biquíni.
あのビキニを着るためには、夏までに5キロほど痩せる必要があります。

▶ ＜家族について＞伝える表現

Eu quero conhecer a sua família. Vamos jantar juntos um dia.
あなたの家族と会いたいです。いつか一緒に夕食を食べましょう。

Meus pais realmente se dão muito bem um com o outro. Ontem tivemos a festa de bodas de ouro deles.
父と母は本当に仲がいいのです。昨日は両親の金婚式でした。

Meus pais brigaram novamente.
父と母はまた喧嘩しました。

Nossa família se dá muito bem e viajamos juntos uma vez por ano.
家族仲がとてもよくて、年に一回は家族旅行をします。

Não converso muito com os meus pais.
あまり両親と話をしません。

Minha mãe tem um coração jovem.
母は気が若いです。

Meus pais são antiquados e meu pai é um cabeça-dura.
うちの親は考えが古くて、親父は頑固者です。

Festejamos o 60º (sexagésimo) aniversário do meu pai.
父の60回目の誕生日（還暦）を祝いました。

Eu me dou bem com a minha sogra.
私は姑と仲がいいです。

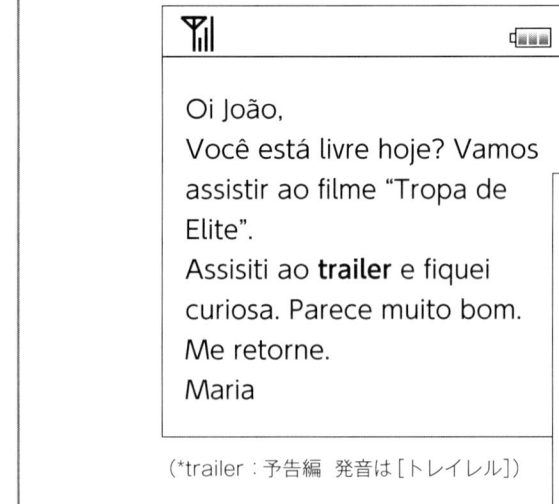

11 「映画の感想」

Oi João,
Você está livre hoje? Vamos assistir ao filme "Tropa de Elite".
Assisiti ao **trailer** e fiquei curiosa. Parece muito bom.
Me retorne.
Maria

(*trailer：予告編　発音は［トレイレル］)

ジョアン、
今日暇ですか？「エリート部隊」見に行きましょうよ。
予告編を見て、興味を持ちました。とても良さそうです。
返信してください。
マリア

4 携帯メールの文例

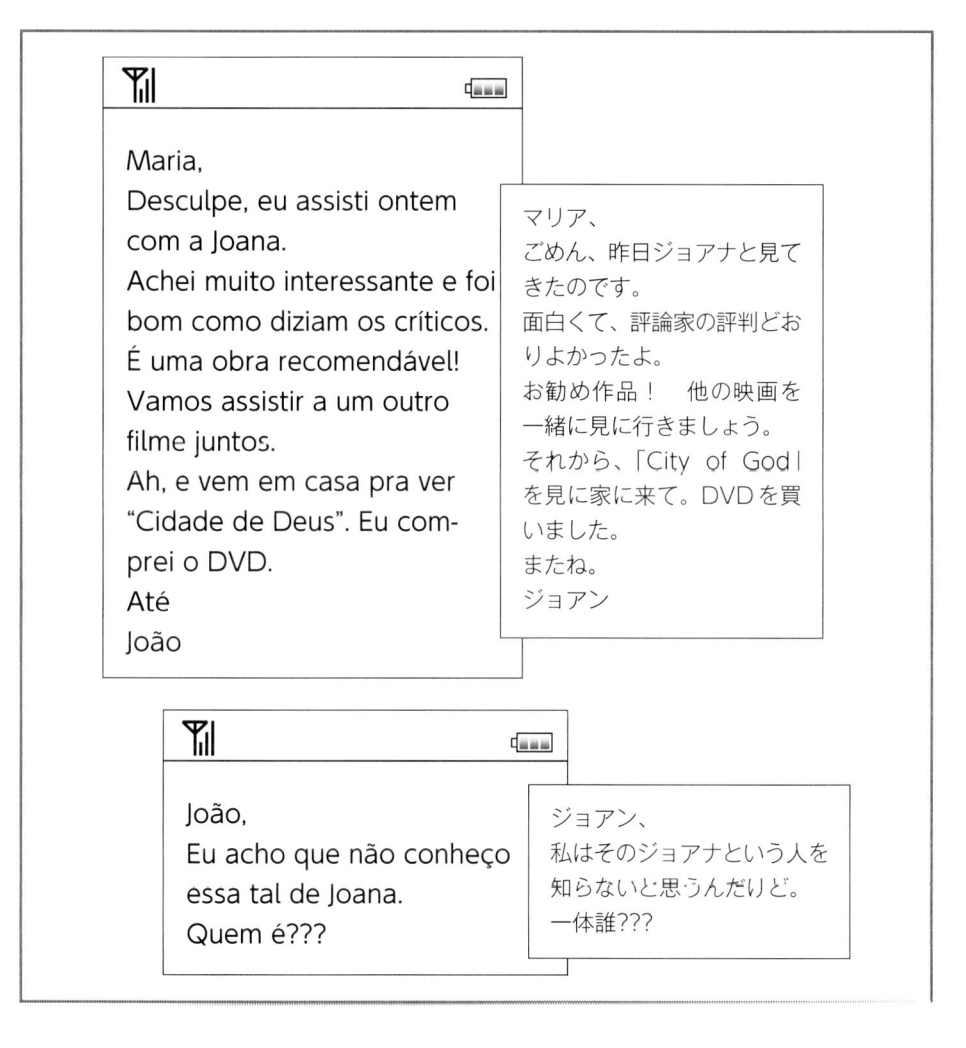

Maria,
Desculpe, eu assisti ontem com a Joana.
Achei muito interessante e foi bom como diziam os críticos.
É uma obra recomendável!
Vamos assistir a um outro filme juntos.
Ah, e vem em casa pra ver "Cidade de Deus". Eu comprei o DVD.
Até
João

マリア、
ごめん、昨日ジョアナと見てきたのです。
面白くて、評論家の評判どおりよかったよ。
お勧め作品！　他の映画を一緒に見に行きましょう。
それから、「City of God」を見に家に来て。DVDを買いました。
またね。
ジョアン

João,
Eu acho que não conheço essa tal de Joana.
Quem é???

ジョアン、
私はそのジョアナという人を知らないと思うんだけど。
一体誰???

▶ ＜映画や本の感想＞に関係する表現

As novelas de samurai são muito interessantes para conhecer o Japão antigo.　時代劇を見ると昔の日本がわかってとても面白い。

Os desenhos animados de Hayao Miyazaki, tais como a "Princesa Mononoke" ou "Meu vizinho Totoro", foram grandes sucessos mundiais.　宮崎駿の「もののけ姫」「となりのトトロ」などのアニメ作品は世界でも大ヒットしました。

Hayao Miyazaki é um dos maiores cartunistas do mundo.
宮崎駿は世界で一流のアニメ作家のひとりです。

O diretor YojiroTakita recebeu o prêmio de melhor filme estrangeiro no Oscar 2009 com o filme "Departures." 滝田洋二郎監督は「おくりびと」で2009年のアカデミー賞外国語映画賞を受賞しました。

Li a obra original e fiquei com vontade de assistir ao filme.
原作を読んで、映画を見たくなりました。

Foi ótimo. Foi muito legal. すごくよかった。面白かった。

Até que foi bom. Mas achava que fosse melhor.
わりとよかった。でも、もっと良いものを期待していました。

Foi hilárico. めちゃめちゃ笑えた。

Fiquei comovido. 心を打たれました。

Foi muito comovente. Foi uma choradeira.
感動しました。涙ものでした。

Foi exatamente como a expectativa. Me fez refletir sobre a vida.
期待通りでした。人生について考えさせられました。

Não achei nem bom nem ruim. O roteiro era infantil.
良くも悪くもなかった。脚本が幼稚でした。

Foi chato. Fiquei desapontado. つまらなかった。がっかりでした。

Foi muito violento e não achei muito bom. Joguei dinheiro fora.
暴力的で、あまりよくなかった。お金を無駄遣いしました。

Foi difícil de compreender. Achei irreal.
理解しづらかった。非現実的でした。

Era um assunto muito difícil. Falava sobre a ganância dos homens.
難しすぎた。人間の貪欲についての話でした。

Tratava-se de um triângulo amoroso. 三角関係の内容でした。

A atuação dele foi formidável. 彼の演技は素晴らしかった。

Achei os outros filmes dele melhores. 彼のほかの主演映画のほうがよかった。

Quero assistir novamente. Vou alugar quando sair em DVD.
もう一度見たい。DVDになったらレンタルしよう。

Uma vez já basta. Foi uma perda de tempo. 一回で充分。時間の無駄でした。

4 携帯メールの文例

> **NOTA**
>
> ### Cidade de Deus=*City of God*
> **ポルトガル語と英語の類似**
>
> 下記のルールを当てはめると、簡単にポルトガル語の単語を英語にすることができます。
> 例外もありますが、ポルトガル語と英語の類似性を目の当たりにできます。
>
> ルール1： cidade などの dade で終わるポルトガル語の単語
> → dade を ty に変える
>   cidade = *city*　都市　　　　　　velocidade = *velocity*　速さ
>   simplicidade = *simplicity*　単純明快　capacidade = *capacity*　容量
>
> ルール2： nação などの ção で終わるポルトガル語の単語
> → ção を tion に変える
>   nação = *nation*　国
>   simplificação = *simplification*　平易
>   observação = *observation*　観察
>   naturalizaçâzo = *naturalization*　帰化
>   sensação = *sensation*　感覚
>   emoção = *emotion*　感情
>
> ルール3： naturalmente などの mente で終わるポルトガル語の副詞
> → mente を lly に変える（ポルトガル語の単語が「l」や「r」で終わる場合は ly のみ）
>   particularmente = *particularly*　特に
>   naturalmente = *naturally*　当然
>   totalmente = *totally*　まったく
>   oralmente = *orally*　口頭で
>
> ルール4： essência などの ência で終わるポルトガル語の単語
> → ência を ence に変える
>   essência = *essence*　本質　　　reverência = *reverence*　尊敬
>   frequência = *frequence*　頻発
>
> ルール5： oral などの al で終わるポルトガル語の単語
> → ポルトガル語と英語の表記は同じ
>   oral = *oral*　口頭の　　　　　natural = *natural*　自然の
>   total = *total*　合計の　　　　sensual = *sensual*　官能的な

12 「けんかの後」

```
Maria,
Tudo bem?
É sobre a noite de ontem.
A Joana é só uma amiga minha, nada mais.
Não quero continuar brigados. Eu sinto muito mesmo.
Espero notícias.
João
```

マリア、
お元気ですか？
昨日の晩についてだけど。
ジョアナはただの友達で、それだけです。
あなたと喧嘩したままではいたくないのです。本当に悪いと思っています。
連絡待っています。
ジョアン

▶ ＜謝罪する＞表現

Me desculpe. ごめんなさい。

Me desculpe pela mentira. 嘘をついたことを許してください。

Sinto muito pelo transtorno que causei.
ご迷惑をおかけして、申し訳ありません。

Poderia me perdoar? 許してもらえませんか？

Estou arrependido pelo que fiz. 私がしたことにとても後悔しています。

Você nunca pede desculpas, hein. あなたは決して謝らないのですね。

Sinto muito mesmo por ter te magoado.
あなたを傷つけてしまって本当にごめんなさい。

Me desculpe por ter ficado bravo sem motivo. Não entendi a brincadeira. つい怒ってしまってごめんなさい。冗談だとわかりませんでした。

Não pensei que você levasse a sério aquela brincadeira.
あの冗談を本気にするとは思いませんでした。

Me desculpe por ter abusado da sua generosidade.
あなたの寛容さに甘えてしまったようでごめんなさい。

"Ama o teu vizinho, mas não derrubes a tua cerca." Esqueci desse provérbio, sinto muito.
「あなたの隣人を愛せ、しかしあなたの塀を壊すな（親しき仲にも礼儀あり）」ですね。このことわざをつい忘れてしまい、申し訳ありません。

Me desculpe por ter te insultado.　暴言を許してください。

Espero que a nossa amizade continue firme.
友情にひびが入らないことを願っています。

Eu estava estressado com os problemas de casa e do trabalho.
家のことや仕事のことでストレスがたまっていたのだと思います。

Eu fui muito grosso com você e estou muito arrependido mesmo.
あなたにひどいことを言ってしまい、心から後悔しています。

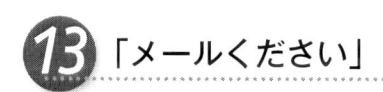

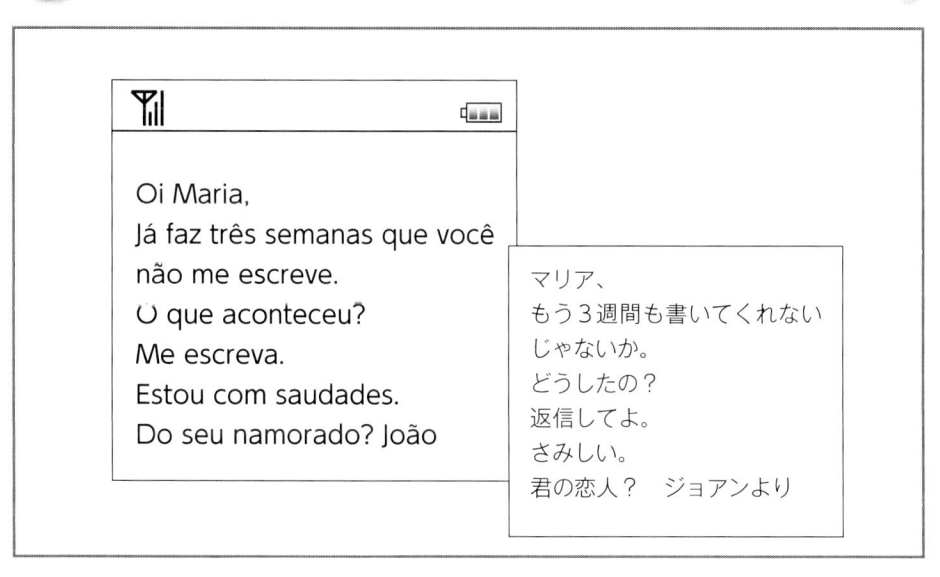

13 「メールください」

Oi Maria,
Já faz três semanas que você não me escreve.
O que aconteceu?
Me escreva.
Estou com saudades.
Do seu namorado? João

マリア、
もう３週間も書いてくれないじゃないか。
どうしたの？
返信してよ。
さみしい。
君の恋人？　ジョアンより

▶ ＜連絡＞を請う表現

Não precisa se esconder. Se não quiser falar mais comigo, é só dizer.
私から隠れなくてもいいですよ。もう私と話したくないなら、そう言えばいいじゃないですか。

Me mande notícias, por favor.
連絡をください、お願いします。

Eu ainda estou aqui, será que você já se esqueceu de mim?
私はまだここにいますが、もう私のこと忘れてしまったのですか？

Sem você, eu não sou ninguém.
あなたなしでは、私は何ものでもありません。

Sei que a saudade não mata, mas faz a gente chorar. Por que não me responde?
寂しさで死ぬことはないけど、涙があふれます。なぜ返信してくれないのですか？

Por que você faz isso comigo?
どうして私にそういうことをするのですか？

Está tudo acabado entre nós?
私たちの間は終わりなのですか？

Eu queria notícias suas. Sumiu do mapa?
あなたのニュースを聞きたいのです。この世から消えてしまったのですか？

14 「別れましょう」

João,
Me desculpe pela falta de notícias.
Não queria te magoar, mas...
Acho que a nossa relação não vai dar certo
Vamos voltar a ser só amigos, **tá**?
Maria

ジュアン、
連絡取らないでごめんなさい。
あなたを傷つけたくはないんだけど、
私たちの関係はうまくいかないと思います。
またただのお友達に戻りましょうよ。ね？
マリア

NOTA

口語でよく略されるestar

estou → tou / tô　　　　está → tá
estamos → tamos / tamu　　estão → tão
Eu estou bem. → Tô bem.　私は元気です。

なお、疑問形でtá?またはtá bem?を使うと、それまで話していたことを確認する表現になります。

▶ ＜別れ＞の表現

Não posso mais continuar com você.
もうあなたとは続けられません。

Eu quero me separar de você.
あなたと別れたいのです。

A gente não dá certo.
私たちはうまくいきません。

Eu não combino com você.
私はあなたと合いません。

Você não era minha alma gêmea.
あなたと私は魂の双子にはなれませんでした（心底好きあうことはなかった）。

Gosto de outra pessoa.
好きな人ができました。

Vamos dar um tempo, por favor.
お願いだから、時間をおきましょう。

Namoro à distância é muito difícil. Eu não aguento de saudades.
遠距離恋愛は難しすぎます。さみしくて我慢できません。

Nós somos tão diferentes.
私たちは違いすぎます。

Você vai encontrar uma pessoa melhor do que eu.
私よりいい人がきっと見つかると思います。

Não escreva mais para mim. Não irei responder. É melhor assim.
もう書かないでください。返信はしません。その方がいいのです。

5 手紙・Eメールの文例

ここで紹介する文例は手紙・Eメール、どちらでも使用できますので、状況に応じて使用してください。

1 招待状

● TPOをまとめる

「いつ、どこで、何を目的にした集まりなのか」の3点をわかりやすくまとめます。箇条書きが一番効果的です。特に日時を間違えないようにして、年月日・曜日・時間も添えて書きましょう。

　　20XX年12月25日（木）午後4時に
　　25 de dezembro de 20XX (quinta-feira) 16h

● 服装のアドバイスを添える

特に女性の場合、パーティーに招待されると一番悩むのが、「何を着るか」です。パーティーの招待状の場合、服装の簡単なアドバイス（tipos de traje）を添えるのを忘れないでください。

NOTA

ドレスコード（tipos de traje）

Gala / A rigor：最上級の正装。男性は燕尾服、女性はロングドレス。
Black tie：正装。男性はタキシード、女性はロングドレスかカクテルドレス。
Passeio completo：フォーマル。男性はスーツ、女性はドレス。
Esporte fino / Passeio：セミフォーマル。男性はブレザー着用、女性は大げさにならない程度におしゃれを楽しめます。
Esporte：通常の普段着。男性はジーンズにシャツかポロシャツ。女性はできるだけシンプルに。

●返事が必要な場合は、RSVP/RSFF を忘れないように

パーティーの準備をするときは、何人出席してくれるのかを事前に把握しておきたいものです。RSVPはフランス語のRépondez S'il Vous Plaît（出欠の返事をください）の略でポルトガル語のRSFF（Responder Se Faz Favor（出欠の返事をください））に相当します。どちらを使ってもOKです。

招待状の左下に書き添えて、その下に連絡先の電話番号かメールアドレスを書いておくのが一般的です。

 RSVP: Maria (06-777-1111)
 maria@mari.com

●案内地図を添える

相手の立場になって、開催場所の地図を同封するのも忘れないでください。地図は別紙で添えるのがよいでしょう。日本で開催する催し物の招待状をブラジルの方に送る場合、相手のためにポルトガル語と、日本のタクシー運転手のために日本語も送ったほうがいいでしょう。

❶ 結婚式の招待状

Maria da Silva e Ichiro Tanaka convidam para a cerimônia do seu casamento que realizar-se-á

dia 25 de junho, na Igreja Nossa Senhora ABC, na Avenida Nossa Senhora ABC 10, Kita-ku Osaka

Rua Miyayama, 123-9   *Rua Machikaneyama, 23-5*
Minoo   *Toyonaka*

> マリア・ダ・シウヴァと田中一郎は
> 以下の日時・場所で行われる結婚式に皆様をご招待致します。
> 6月25日、聖母ABC教会にて
> 住所：大阪市北区聖母ABC大通り10番
>
> （新婦住所）　　　　　　　　（新郎住所）
> 箕面市宮山通123-9　　　　　豊中市待兼山通23-5

❷ ミサへの招待

> *Caríssimos amigos,*
>
> *Venho com esse, comunicar-lhes que acontecerá dia 1º(primeiro) de maio, domingo, a missa de 1 mês em memória ao nosso amigo Paulo da Silva, que faleceu no dia 4 de abril. A missa será na Igreja Nossa Senhora.*
>
> *Oremos para que o nosso Pai todo poderoso conceda ao espírito desse nosso irmão muita luz e paz.*
>
> *Um grande abraço a todos.*

> 親愛なる友人の皆様
>
> 4月4日に永眠しました私達の友人パウロ・ダ・シウヴァの一か月忌のミサが、5月1日（日）に開催されることを皆様にお知らせします。ミサはノッサ・セニョラ教会で行われます。
> 私たちの全能の神がこの兄弟の魂に光と平和を与えてくださいますようにお祈りしましょう。
> 皆様への大きな抱擁を持って。

❸ インフォーマルな招待

> Boa tarde Paola,
>
> Gostaria de convidá-la para participar do encontro de brasileiros no dia 12 de junho, sexta-feira, em Hamamatsu.
>
> Tentei te ligar, mas não consegui. Se puder, me passe o seu número do fax para enviar mais detalhes.
>
> Obrigada,
>
> Lúcia

> こんにちは、パオラ
> 6月12日（金）に浜松で開催されるブラジル人集会にあなたを招待したいと思います。
> 電話したのですが、つながりませんでした。詳細をお伝えしたいので、ファックス番号を教えてください。
> ありがとう、
> ルーシア

▶ ＜招待する＞に関する表現

Eu quero te convidar para um jantar.
ディナーへ招待したいのですが。

Faço questão da sua presença.
ぜひいらしてください。

Poderia comparecer?
来ていただけますか？

Fico muito feliz se pudesse comparecer.
来てくれるととても嬉しいです。

Eu gostaria de convidá-lo ao casamento da minha filha.
娘の結婚式に招待したいのです。

Venha em casa no domingo. Faremos uma feijoada.
フェイジョアーダ（豆と肉の煮込み料理）をするので、日曜日に家に来てください。

5 手紙・Eメールの文例

▶＜招待への出欠＞

招待状の返事はすぐに出すのがマナーです。簡単な短い文章ですので、思い悩まずにすぐに出しましょう。

①出席する場合
　・招待してくれたことへのお礼をまず書きます。
　・喜んで出席することを簡単に伝えます。
　・楽しみにしていることを伝えて、返事を結びます。

NOTA

招待状の返事は手書きが原則です。返信用のカードが添えられている場合でも、必ず自筆で一言書き添えると喜ばれます。

②欠席する場合
　・招待してくれたことへのお礼をまず書きます。
　・残念ながら欠席することを伝え、必ず欠席の理由を書きましょう。
　・再度のお礼を述べて、返事を結びます。

NOTA

「先約があります」と欠席の理由にするのは日本的に考えると、失礼な感じがするかもしれませんが、先約を重視する文化圏では一般的な理由です。長々と欠席のお詫びを書いたり、近況を書いたりして送ってはいけません。短く、簡潔に、が原則です。

▶＜招待へのお礼＞に関する表現

Obrigado por me convidar!!
私を招待してくれてありがとう！！

Muito obrigado pelo convite ao jantar.
ディナーへのご招待、誠にありがとうございます。

Agradeço o convite ao churrasco.
シュラスコ（ブラジル式バーベキュー）のご招待、感謝します。

Fico feliz pelo convite à formatura.
卒業式に招待してくれて嬉しいです。

Eu estou muito feliz por receber o seu convite de casamento.
あなたの結婚式の招待状をいただいて、とてもうれしく思っております。

▶ ＜出席を伝える＞表現

Irei sem falta.
絶対いきます。

Sim, participarei da festa com prazer.
はい、パーティーに喜んで出席します。

Ficarei encantada em participar do **chá de bebê**!
ベイビーシャワー（出産前のお祝い）には喜んで出席させていただきます。
(＊妊婦さんが安定期に入った頃に行われるパーティー。参加者は生まれてくる赤ちゃんにプレゼントを贈ります。プレゼントが重複しないように事前に妊婦さんが新生児用品（よだれかけやおむつ、ガラガラや歯がためなど）をリストアップし、招待状と共に希望する商品を書き添えるので、出席者はそのプレゼントを持参してお祝いをします）

Estarei sem falta às 7h na sua casa.
ご自宅に7時にもちろん伺います。

Aceitamos o seu amável convite com muito prazer.
ご丁寧なご招待に喜んで出席させていただきます。（正式な招待状への改まった出席）

▶ ＜欠席を伝える＞表現

Infelizmente não poderei comparecer. Tenho um compromisso.
残念ですが、先約がありますので欠席いたします。

Infelizmente não poderei ir. Estarei no Brasil nesta época.
残念ながら参れません。その時期はブラジルにいるのです。

Gostaria de comparecer, porém, creio que estarei fora da cidade nesse fim de semana.
出席したいのですが、残念ながら、その週末は遠方に出かけてしまうので伺えません。

Lamento ter que recusar. Tenho um evento familiar que me impede de faltar.
心苦しいのですが、お断りします。欠席できない家族の集まりがあるのです。

5　手紙・Eメールの文例

▶ ＜結び＞の表現

Estou ansioso por vê-los no dia 20 (vinte).
20日にお目にかかれるのを楽しみにしています。

Nos encontraremos então no dia.
では、その日お目にかかりましょう。

Precisando de alguma ajuda, é só dizer.
何か手伝うことがあれば、言ってくださいね。

Espero ter uma oportunidade de conhecer (o seu esposo/ a sua esposa) num futuro próximo.
近い将来、（ご主人 / 奥さま）に会う機会があることを願っています。

Me convide outro dia, tudo bem?
またの機会に誘ってくださいね？

NOTA

結婚記念日（Aniversário de Casamento/Bodas）

ブラジルでも銀婚式と金婚式は盛大なパーティーをしますが、夫婦で祝う年ごとの結婚記念日も愛の再確認には最適です。

Bodas de papel	1年目	紙婚式
Bodas de algodão	2年目	綿婚式
Bodas de couro	3年目	皮婚式
Bodas de madeira	5年目	木婚式
Bodas de estanho	10年目	錫婚式
Bodas de cristal	15年目	水晶婚式
Bodas de porcelana	20年目	磁器婚式
Bodas de prata	25年目	銀婚式
Bodas de pérola	30年目	真珠婚式
Bodas de rubi	40年目	ルビー婚式
Bodas de ouro	50年目	金婚式
Bodas de diamante	75年目	ダイヤモンド婚式

❹ 招待状のお礼

Brasília, 14 de setembro de 20XX.

Ao: empresa ABC

Recebemos e agradecemos seu convite referente à FEST08. Impossibilitados de comparecer, por motivo de viagem, desejamos sucesso.
Agradecemos a gentileza do convite.
Atenciosamente,

Ricardo Souza
Presidente da DEF Ltda.

20XX年9月14日、ブラジリア

ABC社御中

FEST08へのご招待、感謝いたします。
出張のため、出席できませんが、成功をお祈りします。
ご招待、ありがとうございました。
敬具

ヒカルド・ソウザ
DEF株式会社社長

Kobe, 20 de janeiro de 20XX.

Queridos amigos,
Muito obrigada pelo convite. Irei com prazer à apresentação de balé da Mayumi. Estou ansiosa para vê-la no dia. Um grande abraço,

Silva

20XX年1月20日、神戸

友人の皆様、
ご招待ありがとう。マユミちゃんのバレエの発表会、喜んで行かせてもらいます。当日見るのが楽しみです。それでは、

シウヴァ

Prezado Carlos e família,
Agradecemos bastante pelo convite e sentimos honrados em aceitá-lo.
Estamos muito ansiosos para reencontrá-los. Dê os nossos cumprimentos a todos da família.
Um forte abraço,

Jorge e Maria

親愛なるカルロスとご家族の皆様
ご招待、大変感謝いたします。招待を受けるのはとても名誉なことだと思っています。
再会できるのをとても楽しみしています。ご家族にもどうぞよろしくお伝えください。
強い抱擁を持って、

ジョルジとマリア

❷ お礼

▶ ホームステイ先へのお礼

Kyoto, 1º de abril de 20XX.

Prezado Sr. João Batista e Sra. Joana,

Estão todos bem no Brasil? Cheguei em Kyoto, são e salvo, no dia 25 de março. Ainda não me adaptei ao fuso horário do Japão. Só passou uma semana desde que voltei ao Japão, mas os dias que passei no Brasil já parecem ter sido um sonho.

Passei por momentos maravilhosos no Brasil. Aproveitarei toda essa experiência valiosa para a minha vida futura. **Meu sonho** é trabalhar no Brasil.

Agradeço de coração por ter me aceitado calorosamente como um membro da família. **Muito obrigado** por tudo. **Não me esquecerei d**os senhores. Venha ao Japão. Eu e minha família estaremos aguardando de braços abertos.

Um grande abraço,

Ken

20XX年4月1日、京都
親愛なるジョアン・バチスタとジョアナご夫妻
ブラジルでは皆様お元気ですか？ 3月25日に無事京都に着きました。体がまだ日本との時差に慣れません。日本に帰ってきて1週間しかたっていないのに、そちらで過ごした日々が夢のようです。
日本では考えられない楽しい時間を過ごすことができました。この貴重な経験を日本での今後の生活に生かしたいと思います。私の夢はブラジルで働くことです。家族の一員として私を温かく迎えてくださり心から感謝しています。本当にありがとうございました。皆さんのことは一生忘れません。日本にもぜひ遊びにいらしてください。私も家族も心よりお待ちしています。
大きな抱擁をもって、
ケン

5 手紙・Eメールの文例

NOTA

私の夢は~です。

Meu sonho é (動詞の原形)

    dar a volta ao mundo　世界一周をすること
    conhecer o Brasil　ブラジルを知ること
    ver o rio Amazonas　アマゾン川を見ること
    pular carnaval no Rio　リオのカーニバルに参加すること

目標や夢を伝える文型
    Meu objetivo é …　私の目標は~です
    Minha meta é …　私の目的は~です
    Querer ser …　~になりたいと思っています

▶ <目標や夢を伝える>表現

Meu sonho é voltar ao Brasil.
私の夢はブラジルに帰ることです。

Meu objetivo é conseguir uma bolsa de estudos e fazer uma pós--graduação.
私の目標は奨学金を得て、博士課程へ進むことです。

Minha meta é passar na prova de guia-intérprete.
私の目的は通訳案内士の試験に合格することです。

Eu quero ser uma ponte de ligação entre o Brasil e o Japão.
私は ブラジルと日本の懸け橋になりたいのです。

Nós pretendemos passar dois meses em Manaus.
私たちはマノウスに2か月間滞在しようと思っています。

NOTA

Muito obrigado　ありがとうございます

感謝	丁寧 ↑ カジュアル	Gostaria de agradecer por …
		Agradecemos por …
		Muito obrigado por …
		Obrigado por …

▶ ＜感謝の気持ち＞を表わす表現

Obrigado!
ありがとう！

Muito obrigado por tudo no outro dia.
この間はいろいろとどうもありがとうございました。

Muito obrigado pela ajuda.
お世話になりました。

Graças a você, estou aqui.
あなたのおかげで私はここにいます。

Obrigado por ter me lembrado.
思い出させてくれてありがとう。

Agradeço muito pela sua atenção.
心遣いに感謝します。

Agradeço de coração.
心から感謝します。

Aprecio a sua gentileza.
ご親切に感謝します。

Não sei como agradecer.
感謝の言葉もありません。

Me ajudou bastante.
大助かりです。

Muito obrigado pela calorosa hospitalidade.
温かいおもてなしをありがとうございます。

Obrigado por sua gentileza.
気を使ってくださって、ありがとう。

Mais uma vez obrigado e esperamos que a nossa amizade perdure por muito tempo.
もう一度感謝するとともに、私たちの友情が長続きすることを祈ります。

Muito obrigado pela informação, bem como pela brilhante recepção que vocês nos deram.
情報提供と、素晴らしいおもてなし、心より感謝いたします。

Muito obrigado por suas palavras que nos animam.
元気づけてくれるその言葉、本当にありがとうございます。

Muito obrigado pelo carinho.
優しくしてもらって、本当にありがとうございます。

NOTA

感動を伝える文型

Não me esquecerei de …	〜を忘れません
… foi maravilhoso	〜は素敵だった
Fiquei comovido com …	〜に感動しました

▶ ＜感動＞を伝える表現

Não me esquecerei do Brasil.
ブラジルのことは忘れません。

Jamais me esquecerei de você.
あなたのことは一生忘れません。

É uma lembrança inesquecível.
忘れられない思い出です。

Estou muito contente.
すごくうれしいです。

Como sou feliz!
私はなんて幸せなんでしょう！

Foi divertido. Foi o melhor dia da minha vida!
楽しかった。人生で最高の日でした！

Fiquei comovido com o fato.
その事実には感動しました。

Viva! Que sorte!
やった！　ラッキー！

Que bom!
よかった！

Estou com muita expectativa.
期待に大いに胸が膨らみます。

Não consegui pregar o olho de tanto entusiasmo.
わくわくして一睡もできませんでした。

Fiquei muito emocionado.
深く心を動かされました。

Ótimo! Estou satisfeito.
最高！　満足しました。

Parece um sonho! Uau!
夢みたい！　わーい！

Me sinto ótimo.
気分は最高。

Fiquei muito entusiasmado.
とても興奮しました。

Foi uma boa experiência.
いい経験でした。

Estou andando nas nuvens.
うきうきしています。

NOTA

感謝の気持ちは贈り物ではなく、言葉で！

ブラジルでは感謝の気持ちとして、物を贈るということはしません。感謝の気持ちはやはり言葉で（多少大げさなくらい）表すものです。ですが、ぜひ何かを贈りたい、ということであれば、負担にならない日本的なものにした方がよいでしょう。

❸ 別れのあいさつ

São Paulo, 23 de março de 20XX.

Querido Mário,

Muito obrigada por tudo. Estou voltando para o Japão na semana que vem. Você sempre me ajudou bastante.

Vou sentir muito a sua falta.

Cuide-se. Não trabalhe demais!

Abraços,

Tomoko

20XX年3月23日、サンパウロ
マリオへ
いろいろと本当にありがとう。来週日本に帰ります。いつも助けてくれたよね。
あなたが恋しくなるでしょう。
体に気をつけて。働きすぎないように。
じゃあね、
トモコ

▶ **＜懐かしさ・寂しさ・ノスタルジー＞を伝える表現**

Fico triste por vê-lo partir.
あなたが去ってしまうなんて、悲しいです。

Estou com saudades de você.
あなたがいなくて寂しいです。

Estou com saudades de sua voz.
あなたの声が聞きたい。

Não é o mesmo sem você.
あなたがいないとつまらない。

Queria que você estivesse aqui agora.
今、あなたがここにいたらいいのに。

Penso em você todos os dias.
毎日あなたのことを考えています。

Sempre penso em você.
いつもあなたのことを考えています。

O tempo que passamos juntos foi especial.
一緒に過ごせて本当に楽しかった。

Você sempre foi bom comigo.
あなたはいつも私に優しかったですね。

É difícil acreditar que você está partindo.
行ってしまうなんて信じられません。

Nunca esquecerei de você.
あなたのことは絶対忘れません。

Você sempre foi um grande amigo.
あなたはいつも素晴らしい友達でした。

Você vai mas a amizade fica.
あなたは行くけれど、友情は残ります。

▶ ＜これからも頑張って＞を伝える表現

Desejo tudo de bom daqui para frente.
これから先、よいことがたくさんありますように。

Boa sorte. Cuide-se.
体に気をつけて。幸運を祈ります。

Serei sempre seu amigo.
ずっと友達です。

▶ ＜連絡してね＞を伝える表現

Me **escreva**.
手紙ください。

Mantenha contato.
連絡してください。

Vamos trocar e-mails.
メールのやりとりをしましょう。

NOTA 1

〜するのを忘れないでください。
Não se **esqueça** de（動詞の原形）

> Não se esqueça de escrever.
> お手紙くれるの、忘れないでくださいね。
> Não se esqueça de manter contato.
> 連絡するの、忘れないでくださいね。

NOTA 2

願い・依頼・命令を伝える動詞の接続法現在

escrever（書く）→ escreva   manter（維持する）→ mantenha
ir（行く）→ vamos   esquecer（忘れる）→ esqueça

4 引っ越しの連絡

Salvador, 7 de julho de 20XX.
Querida Mara,
Estou me **mudando** de Salvador **para** Liberdade.
Vou começar a trabalhar na empresa ABC, que fica em São Paulo.
Meu novo endereço é **Rua** Cardoso 7, **Apt**. Barbosa 34.
Venha me visitar no novo apartamento.
É espaçoso e tem 3 quartos.
Beijos,
Júlia

> 20XX年7月7日、サルバドール
> マーラへ、
> サルバドールからリベルダージへ引っ越します。
> サンパウロにあるABC社に勤めることになったのです。
> 新しい住所はカルドーゾ通り7番バルボーザマンション34号です。
> 新しいマンションに遊びに来てくださいね。
> 広くて部屋が3室あります。
> キスを、
> ジュリア

NOTA 1

住所によく使用される略語

Apt. / Apto. = apartamento（マンション）
D. = Distrito（区）
Jd. = Jardim（庭園）
R. = Rua（通り）
Av. = Avenida（大通り）
Ed./ Edif. = Edifício（ビル）
Pç./ Pça =（広場）

NOTA 2

よく使う動詞＋前置詞のセット
 mudar de ...　　～から引っ越す
 mudar para ...　～へ引っ越す
 morar em ...　　～に住む

・国名：原則として冠詞が付きます（例外：Portugalなど）。
・州、市、都道府県：原則として冠詞は付きません（例外：Rio de Janeiroなど）。

前置詞と冠詞の縮合形

	de	縮合形	em	縮合形
冠詞なし		**de**		**em**
冠詞　a	de + a	**da**	em + a	**na**
冠詞　as	de + as	**das**	em + as	**nas**
冠詞　o	de + o	**do**	em + o	**no**
冠詞　os	de + os	**dos**	em + os	**nos**

5　手紙・Eメールの文例

NOTA 3

いろいろ変わる mudar

mudar de ...: de は「〜の点が」を、mudar は「変わる」を意味します。以下の場合に使えるので、併せて覚えておくと便利です。

mudar de roupa	着替える	mudar de trabalho	転職する
mudar de ideia	意見を変える	mudar de vida	人生をやり直す

▶ <引っ越し>に関連した表現

Anote meu novo endereço e telefone.
新しい住所と電話番号をメモしてください。

Fui transferido para São Paulo.
サンパウロに転勤になりました。

Me mudarei em abril. Este é o meu novo endereço.
4月に引っ越します。これが新しい住所です。

Mudei de Osaka para Tokyo. Como é longe!
大阪から東京に引っ越しました。なんて遠いのでしょう！

Aviso os meus amigos que vou me mudar no mês que vem.
来月引っ越すことを友達に知らせます。

Perdi o novo endereço da Paula. Onde foi que ela se mudou?
パウラの新しい住所をなくしました。彼女はどこに引っ越したのですか？

Não quero me mudar para perto da casa dos meus sogros.
義父母の家の近くには引っ越したくないです。

Não quero me mudar daqui.　ここから引っ越したくないです。

▶ <住まい>に関連した表現

O meu apartamento tem vista para a montanha. É calmo aqui.
マンションからは山が見えます。とても静かですよ。

A minha nova casa tem uma sala de estar confortável, uma sala de jantar grande, dois banheiros e três quartos.
私の新しい家には、快適なリビング、大きなダイニング、トイレが二つと部屋が三つあり

ます。

A casa tem um belo jardim. Poderei plantar muitas flores.
家にはすてきな庭があって、たくさん花が植えられます。

Meu novo apartamento é perto da escola. Posso dormir mais pela manhã.
新しいアパートは学校からとても近いから、もう少し長く眠れます。

Tem um pequeno santuário entre a minha nova casa e a estação.
駅から新しい家までに、小さな神社があります。

Meu namorado mora num apartamento **luxuoso**.
彼氏は豪華なマンションに住んでいます。
(*luxuoso: 発音は［ルシュオゾ］。同じ意味で de luxo も使えます。luxuoso は形容詞ですが、luxo は名詞で、特徴を表す前置詞 de を伴います)

Minha namorada mora numa **kitchenette**.
僕の彼女はワンルームマンションに住んでいます。(*発音は［キネキチ］)

Meus pais moram em Osaka.
両親は大阪に住んでいます。

A Masayo morava no Brasil quando era jovem.
マサヨは若いころブラジルに住んでいました。

Eu morei em Brasília por 20 (vinte) anos, desde 1970 (mil novecentos e setenta).
私は1970年から、20年ブラジリアに住んでいました。

Quanto será que custa uma mudança completa? Preciso pesquisar.
お任せ引っ越しは一体いくらかかるのでしょうか？　調べなくてはなりません。

Quero morar perto da universidade. Vou poder dormir até tarde!
大学の近くに住みたい。遅くまで寝ていられる！

Conheci um rapaz na festa. Esqueci de perguntar onde ele mora ...
パーティーである男性と知り合いました。どこに住んでいるのか聞くのを忘れました…

5 手紙・Eメールの文例

NOTA

私は〜に住んでいます。
Eu moro num (em+um) / numa (em+uma) ...

- (uma) casa térrea　1階建て住宅　　(um) sobrado　2階建て住宅
- (uma) mansão　大邸宅　　(um) apartamento　マンション
- (um) apartamento duplex　2階続きマンション
- (um) apartamento triplex　3階続きマンション
- (um) chalé　シャレー（スイス風の家）　(uma) cobertura　ペントハウス
- (uma) casa de campo　山の別荘　　(uma) casa de praia　海の別荘
- (uma) aparthotel　短期アパート　　(uma) kitchenette　ワンルームマンション
- (um) dormitório　寮　　(uma) república　学生の下宿

- novo(a) / recém-construído(a)　新築
- alugado(a)　賃貸　　próprio(a)　持ち家

▶ ＜遊びに来てください＞を伝える表現

Você é sempre bem-vindo.　いつでも歓迎します。

Dê um pulinho quando vier por perto.
近くに来ることがあれば立ち寄ってください。

Venha tomar um café em casa qualquer dia desses.
いつかうちにコーヒーを飲みに来てください。

Você precisa conhecer a minha nova casinha.
私の新しい家をぜひ見に来てください。

Quando vier ao Japão, venha me visitar sem falta.
日本にいらっしゃる時は絶対遊びに来てください。

NOTA

遊びに来てください

社交辞令で「来てください」を使わないようにしましょう。相手は額面通り受け止めて、遠慮なく来てしまいます。お互い気まずい思いをしないために、社交辞令はやめましょう。

5 お悔やみ

Yokohama, 28 de dezembro de 20XX.

Querida Sara,

Fiquei sabendo da triste notícia do falecimento de sua mãe. Estou lhe escrevendo para expressar os meus profundos pêsames.

A sua mãe era uma pessoa maravilhosa, a mãe do meu coração. Me parte o coração só de imaginar como você deve estar se sentindo.

Não fique triste sozinha. Lembre-se que, apesar de eu estar no Japão, sempre estarei pensando em você, aí no Brasil.

De sua sempre amiga, Mari

20XX年12月28日、横浜
サラへ、
お母さまが亡くなられたという悲報を聞きました。まずは、書面にて心よりお悔み申し上げます。
お母さまはとても素晴らしい方で、私の心のお母さんでもありました。あなたの気持ちを思うととても心が引き裂かれるようです。
どうぞ一人で悲しまないで。私は遠い日本にいますが、いつでもブラジルにいるあなたのことを思っていることを忘れないでください。
いつもあなたの親友であるマリより

NOTA

書面にて～申し上げます、～を表現するために書いております
Estou **lhe** escrevendo para expressar …

    a minha gratidão   お礼
    os meus agradecimentos   感謝
    a minha tristeza   悲しみ
    as minhas condolências   同情、お悔やみ

▶ ＜お悔やみの気持ち＞を伝える表現

Eu sinto muito. É muito triste o que aconteceu com você.
お気の毒に思います。ひどいことが起きましたね。

Eu me surpreendi muito e fiquei profundamente sentida com a trágica notícia.　この度のご不幸、非常に驚き、かつ悲しみにたえません。

Meus pêsames. Sinto muito de coração e compartilho a sua tristeza.
お悔やみ申し上げます。心から同情します。悲しみを分かち合いましょう。

Minhas sinceras condolências.　心からお悔やみ申し上げます。

É lamentável o que aconteceu. Me parte o coração.
本当にお気の毒です。心が引き裂かれるようです。

Por que foi acontecer justo com você? Não paro de chorar de pena.
どうしてよりにもよってあなたなのでしょう。悲しくて涙が止まりません。

Vamos sentir muita falta do seu pai.
お父様がいなくなって、とても寂しくなります。

Entendo muito bem seus sentimentos. Estarei sempre do seu lado.
あなたのお気持ちはよくわかります。私はいつでもあなたのそばにいます。

Irei sem falta ao funeral. Poderia me informar a data, horário e o local?
葬儀には参列したいと思います。日時と場所を教えてくださいますか？

Imagino o quanto deve estar sentido, mas desejo que supere toda a tristeza e que recupere o seu sorriso de sempre **o mais breve possível**.
お力落としのこととは思いますが、この悲しみを乗り越えて、一日も早くいつもの笑顔を取り戻してください。(*「一日も早く」o quanto antes, o mais cedo possível, o mais rápido possível も同様の表現です)

Perdi as palavras com o súbito falecimento de seu esposo. Conte comigo no que precisar.
ご主人の突然の訃報に言葉を失いました。私にできることがあれば何でも言ってください。

6 お見舞い

Tokyo, 6 de junho de 20XX.

Prezada Senhora Marta,

Como está a senhora? Soube da minha mãe que a senhora estava internada. Gostaria muito de estar no Brasil agora para visitá-la.

Espero que se recupere o quanto antes.

Envio-lhe junto com a carta um amuleto que traz saúde e longevidade. Consegui num santuário perto de casa. Aceite-o, por favor.

Um grande abraço de coração e estimo melhoras.

Hanako Tanaka

20XX年6月6日、東京

マルタ様、

お加減はいかがですか？母から入院してらっしゃると聞きました。お見舞いに伺うためにブラジルにいないのが残念です。
できるだけ早く回復しますようにお祈りします。
お手紙に健康と長寿のお守りを同封します。家の近くの神社で手に入れました。どうぞ受け取ってください。
心からの抱擁と、よくなりますことをお祈りします。

田中花子

São Paulo, 14 de junho de 20XX.

Querida Hanako,

Muito obrigada pela carta e me desculpe por tê-la preocupado tanto. Eu estou bem e já estou em casa com a minha família.

Agradeço também pelo amuleto. Ele está pendurado na parede do meu quarto para dar sorte.

Mande um grande abraço para a sua mãe também.

Marta Neves

20XX年6月14日、サンパウロ

花子へ、

お手紙ありがとう。心配かけてごめんなさいね。私は元気で、もう退院して家族と一緒に家にいます。

お守りもありがとう。幸運を呼び寄せるために私の部屋の壁に飾っています。

お母様にもくれぐれもよろしくお伝えくださいね。

マルタ・ネーヴェス

▶ ＜お見舞い＞表現

Gostaria de visitá-lo, mas como estou muito longe, estou lhe escrevendo para saber o seu estado.
お見舞いに行きたいのですが、遠くにおりますので、病状を伺うためにこの手紙を書いております。

Ouvi dizer que está internado depois de um acidente de trânsito. Espero que melhore logo.
交通事故で入院したと聞きました。早くよくなりますように。

Quando vai receber **alta**? Espero que se recupere o quanto antes.
退院はいつですか？　できるだけ早く回復することをお祈りします。
(*alta (autorização de saída do hospital) は「病院の退院許可」を意味します。dar alta（許可する），ter alta（許可を手に入れる），receber alta（許可をもらう）というように使います。 ちなみに、軍隊を除隊する場合は、baixaを使います)

Não se preocupe com o seu trabalho e descanse bastante.
仕事のことは心配しないで、ゆっくり休んでください。

Não desanime. O médico que eu conheço me disse que se a descoberta for precoce, a operação irá resolver o seu caso.
気を落とさないでください。私の知り合いのお医者様も早期発見なら手術で治ると言っていました。

Entendo muito bem como se sente, porque eu também já me internei por uma semana quando tive apendicite.
私も盲腸で1週間入院したことがあるので、お気持ちはよくわかります。

7 ファンレター

Kobe, 3 de novembro de 20XX.

Caro Leandro,

Meu nome é Taro Suzuki. Sou japonês, seu fã de carteirinha. Vou a todos os jogos do Vissel Kobe quando são realizados aqui na região de Kansai.

Para mim, você é o melhor jogador de futebol da J-league da atualidade. Melhor, muito melhor que muitos outros brasileiros que atuam no Japão. É um prazer ver você em campo, atrás da bola.

Ontem eu participei do evento no Museu de Artes de Hyogo, para ouvir a sua entrevista. Foi ótimo te conhecer de perto. Não sei se você lembra de mim, eu pedi o seu autógrafo e você assinou na minha camiseta. Ela se tornou o meu grande tesouro.

Desejo tudo de bom e lembre-se que estarei sempre torcendo por você.

Um grande abraço,
Taro Suzuki

20XX年11月3日、神戸
レアンドロ様、
私の名前は鈴木太郎です。日本人で、あなたの大ファンです。関西で行われるヴィッセル神戸の試合は、全試合見ています。
私にとってあなたは現在のＪリーグでもっとも素晴らしい選手です。日本で活躍している他のブラジル人選手よりも、ずっとずっと素晴らしいです。ボールを追いかけている姿を見るのはとても気持ちいいです。
昨日、兵庫県立美術館で行われたイベントに参加して、あなたのインタビューを聞きました。近くで見ることができて最高でした。私のことを覚えているかどうかわかりませんが、サインをお願いした時、私のＴシャツにサインしてくれました。私の宝物です。
成功をお祈りします。そして、いつも応援していることを忘れないでください。
頑張ってください。
鈴木太郎

▶ ブログへのメッセージ

Querida Ivete, espero que você leia esse comentário. Quero demais que você leia!

Ivete, sou sua fã japonesa e meu maior sonho é te ver cantar aqui no Japão. Isso mesmo, estou escrevendo do Japão.

A Marisa Monte, a Maria Rita, e até o Caetano já vieram fazer o show aqui. Só falta você!!!

Tenho fé que meu sonho vai se realizar! Beijos e que Deus te abençoe.

Mariko

大好きなイヴェッチ、このコメントを読んでくれるといいんですが。とっても読んで欲しいです！
イヴェッチ、私はあなたの日本人ファンです。私の一番の夢は、あなたがここ、日本で歌うのを見ることです。そう、日本から書いているんですよ。
マリザ・モンチ、マリア・ヒタ、カエタノまでも日本でコンサートを行いました。あとはあなただけ！！！
私の夢が叶えられることを確信しています。神の御加護とたくさんのキスを送ります。
マリコ

▶ リスナーメッセージ

Boa noite, Rogério

Estou escrevendo pela primeira vez, mas, sempre ouço o seu programa.

Gosto muito das músicas que você toca.

Hoje eu queria fazer um pedido musical e uma pergunta.

Quero que toque uma música bem romântica, por favor.

E a minha pergunta é: como os brasileiros pedem a mão de uma mulher em casamento?

Eu quero saber uma frase para pedir em casamento e uma música perfeita para isso.

Estou esperando.

De um japonês que quer pedir a mão de sua namorada em casamento hoje

ロジュリオ、こんばんは。
初めてお便りしますが、番組はいつも聴いています。
あなたがかける曲はとても好きです。
今日はリクエストと質問がしたいのです。
とてもロマンチックな曲をかけて欲しいのです。
そして、私の質問は：ブラジル人はどのようにプロポーズをするのですか、ということです。プロポーズの言葉とそれにぴったりの曲をかけてください。
待っています。
今日プロポーズをしたい日本人より

▶ ＜ファンであることを伝える＞表現

Visitei a sua homepage outro dia. Li as suas mensagens voltadas aos fãs e fiquei muito comovida. Serei sua fã para sempre.
先日、ホームページにアクセスしてみました。あなたのファンへのメッセージを読み、とても感動しました。ずっとあなたのファンです。

Li a sua entrevista na revista "Esportes" e fiquei muito comovido com a sua paixão pelo trabalho.
「スポーツ」誌のインタビューを読みました。あなたの仕事にかける情熱に深く感銘を受けました。

Fui ao seu show em Nagoya no ano passado. Foi maravilhoso. Comprei todos os seus CDs e estou ouvindo o dia todo. Venha este ano também ao Japão.
去年名古屋でのコンサートに行きました。素晴らしかったです。早速CDを全部購入してずっと聴いています。また今年もぜひ来てください。

Quero deixar registrado que sou seu fã, Caetano. E se você permitir continuarei postando aqui, e obrigado desde já! Um abraço.
カエタノ、あなたのファンだということを書いておきたいのです。もし許してもらえるなら、これからもブログポストを書きます。ありがとう！　さようなら（抱擁をもって）。

Oi, Glória, sou sua fã. É uma honra estar escrevendo esse e-mail para a maior novelista brasileira! Adoro <u>suas novelas às **quais** assisto</u> pela TV a cabo.
グロリアさん、私はあなたのファンです。ブラジル最高のドラマ脚本家にメールを書くのはとても光栄なことです！　ケーブルテレビで見るあなたのドラマが大好きです。
(＊ <u>suas novelas às **quais** assisto</u> のas quaisは関係代名詞でnovelasを指します（assistirは前置詞aが付くのでàなります）。先行している語の性数に一致させるので、o qual, a qual, os quais, as quais と変化します。関係代名詞のqueとも置き換え可能です）

Olá Ronaldo, fiquei muito feliz em descobrir esse blog. Estou nervoso em poder lhe mandar uma mensagem, mas é muito bom dar um alô a um taurino que faz aniversário no mesmo dia que eu. Um forte abraço!
ホナウドさん、このブログを見つけることができてとても嬉しいです。メッセージを書くのはドキドキしますが、私と同じ誕生日で牡牛座のあなたに挨拶できるのは最高です。さようなら（強い抱擁を）。

8 掲示板などへのメッセージ

Olá, meu nome é Yuka. Quero amigos virtuais e reais.

Sou japonesa e quero fazer boas e sinceras amizades com brasileiros e brasileiras que moram no Brasil.

Dispenso pessoas com outras intenções além de amizades.

Espero notícias dos interessados.

こんにちは、私の名前はユカです。メル友、オフ友、どちらも大歓迎です。
私は日本人で、ブラジルに住んでいるブラジル人男女と真の友情を築きたいです。
友情を結ぶ以外の意図の方はお断りします。
興味ある方の返信を待っています。

Estou procurando alguém que goste de andar de carro e saiba falar português.

Se possível, alguém que more na região de Tokai.

Vamos ser amigos!

ドライブが好きでポルトガル語が話せる方を探しています。
できれば、東海地域に住んでらっしゃる方を。
友達になりましょう！

Eu soube de você no site XX.

Muito prazer, meu nome é Hayato.

Deixe-me fazer uma breve apresentação.

Eu sou um estudante universitário e amante de música brasileira.

Sou um ótimo tocador de pandeiro assim como você. Temos muita coisa em comum.

Eu ficaria muito feliz se você trocasse e-mails comigo.

Desde já te agradeço pela atenção!!

XXサイトであなたのことを知りました。
はじめまして、私の名前はハヤトです。
簡単な自己紹介をさせてください。
私は大学生でブラジル音楽を愛するものです。
あなたと同じくパンデイロを弾くのが得意です。私達は共通点がたくさんあります。
私とメール交換して下さるならとても嬉しく思います。
読んでくれてありがとう！！

Olá, Pedro.

Li a sua mensagem que dizia que estava à procura de amigos.

Pode ser um amigo daqui do Japão? Eu sempre tive vontade de ter um amigo virtual no Brasil.

Assim como você, tenho muito interesse em assistir às partidas de futebol.

Gostaria de trocar ideias sobre o futebol brasileiro com você.

Se não se importar, me responda.

Um abraço,

Taro

こんにちは、ペドロさん。
あなたの友達募集という投稿を読みました。
日本の友達でもいいですか？ブラジルのメル友を持ちたいとこれまでずっと思っていました。
あなたと同じく、私もサッカー観戦に興味を持っています。
あなたとブラジルのサッカーについて意見交換したいと思います。
もし差し支えなければ、お返事をください。
さようなら（抱擁をもって）、
太郎

▶ <さまざまな自己紹介・メッセージ>の表現

Estou à procura de um professor de língua portuguesa. Moro em Fukuoka.
ポルトガル語の講師を探しています。福岡に住んでいます。

Bom dia! Gostaria de aprender português. Espero seu e-mail, tchau.
こんにちは。ポルトガル語を覚えたいです。メールを待っています。さようなら。

Eu moro em Wakayama. Estou procurando uma pessoa que possa me ensinar português no final de semana.
和歌山に住んでいます。週末にポルトガル語を教えて下さる方を探しています。

Estou procurando uma professora nativa de português do Brasil, que saiba explicar a gramática em japonês.
日本語で文法を説明できるブラジルポルトガル語のネイティブ女性講師を探しています。

Sou intérprete de inglês e quero estudar português.
私は英語の通訳で、ポルトガル語を勉強したいのです。

Li a sua mensagem.
あなたのメッセージを読みました。

Encontrei o seu nome e o e-mail no quadro de mensagens.
掲示板であなたの名前とメールアドレスを見つけました。

Encontrei por acaso o seu blog.
偶然、あなたのブログを見つけました。

Muito prazer. A Maria, que é uma bolsista no Japão e uma das minhas companheiras de classe, me passou e seu e-mail.
はじめまして。私は大学のクラスメートで留学生のマリアからあなたのメールアドレスを教えて頂きました。

Eu estou procurando amigos virtuais brasileiros.
私はブラジル人のメル友を探しています。

O meu professor de português Lucas me falou sobre você e por isso estou lhe escrevendo um e-mail.
ポルトガル語講師のルーカス先生の紹介で、あなたにメールを書いています。

Eu quero ser seu amigo virtual.
私のメル友になってください。

Eu sou uma dona de casa e estudo português por conta própria.
私は独学でポルトガル語を学んでいる主婦です。

Vou falar sobre o meu hobby.
私の趣味について書きます。

Perdoe-me os erros de português, ainda estou na fase de aprendizagem.
まだ勉強中なので、ポルトガル語の誤字脱字を許してください。

Fico muito feliz se me responder.
お返事を頂けましたら幸いです。

NOTA

趣味を表す語句・表現

Meu passatempo predileto é ...	～が私の一番の趣味です。
Meu principal hobby é ...	私の主な趣味は～です。
O que eu mais gosto de fazer é ...	私がもっとも好きなのは～です。

- ouvir música　音楽を聴くこと
- ir ao cinema e ao teatro　映画・演劇を観ること
- assistir aos filmes clássicos em casa　家でクラシック映画作品を観ること
- assistir ao último lançamento do cinema e às peças modernas
　　最新作映画とモダン演劇作品を鑑賞すること
- ler livros　読書
- cantar no karaokê　カラオケで歌うこと
- sair de carro　ドライブ
- desenhar　絵を描くこと
- tirar fotos　写真を撮ること
- sair com amigos　友達と遊ぶこと
- pescar　魚釣り
- acampar　キャンプをすること
- andar de bicicleta　サイクリングすること
- colecionar selos　切手を収集すること
- tocar piano　ピアノを弾くこと

5 手紙・Eメールの文例

▶ ＜さまざまな問いかけ＞表現

Posso te fazer uma pergunta?
あなたに質問をしていいですか？

Poderia me falar um pouco sobre você?
あなたについてちょっとお話してもらえますか？

Poderia me ensinar?
教えてもらえますか？

De onde você é?
あなたはどこの出身ですか？

Você tem quantos anos?
あなたは何歳ですか？

Onde você mora?
あなたはどこに住んでいますか？

Qual é a sua profissão?
あなたの職業は何ですか？

Onde você trabalha?
あなたはどこで働いていますか？

Em que universidade você estuda?
あなたはどの大学で勉強していますか？

O que você estuda?
あなたは何を勉強していますか？

Quantos são na sua família?
あなたは何人家族ですか？

Você é solteiro?
あなたは独身ですか？

Quando é o seu aniversário?
あなたの誕生日はいつですか？

Qual é o seu signo?
あなたの星座は何ですか？

NOTA 1

未婚・既婚などを表す語句

Eu sou ... ：私は〜です

solteiro(a)	独身（日本語では、離婚すると独身に戻る、と表現しますが、一度結婚するとsolteiroという言葉はもう使えません）
casado(a)	結婚している人
viúvo(a)	配偶者に先立たれた人
desquitado(a)	別居している人
separado(a)	離別している人（まだ再婚できません）
divorciado(a)	離婚している人（再婚できます）
mãe solteira	シングルマザー

NOTA 2

Signos do zodíaco 星座

Eu sou de ... ：私は〜座です

áries おひつじ座	aquário みずがめ座	câncer かに座
capricórnio やぎ座	escorpião さそり座	gêmeos ふたご座
leão しし座	libra てんびん座	peixes うお座
sagitário いて座	touro おうし座	virgem おとめ座

9 商品の注文

Shizuoka, 20 de abril de 20XX.

Senhor Diretor
Editora Brasil

Prezado Senhor,

Solicito a V. S.ª a compra do livro "Tudo sobre o Brasil e os brasileiros" que a vossa editora lançou em janeiro no mercado.

Informo V. S.ª que farei um trabalho sobre o livro para ser apresentado num congresso na segunda semana de maio. É possível me enviar até a primeira semana?

Peço informações sobre o valor total e a forma de pagamento.

Respeitosamente,

Taro Tanaka

20XX年4月20日、静岡

ブラジル出版社
社長殿

拝啓

貴出版社が1月に発行しました『ブラジルとブラジル人のすべて』を注文したいと思います。5月の第2週の学会発表のために必要な書籍ですので、1週目までに送っていただくことは可能ですか?
合計金額と支払い方法について情報をお願い致します。
敬具

田中太郎

NOTA

便利な表現

Solicitar...	～をお願いする
Pedir ...	～をお願いする
Informar ...	～をお知らせする

Solicito informações detalhadas.
詳細情報をお願いします。
Peço que nos informe o mais breve possível.
早急にお知らせ願います。
Informo as minhas condições.
当方の条件をお知らせします。

▶ <注文>に関する表現

Gostaria de obter todas as edições anteriores da revista "Cultura brasileira". Peço que me informe o preço das revistas e o custo de envio. Prefiro a via marítima.
「ブラジル文化」誌の創刊号からのすべてのナンバーを購入したいと思っています。雑誌代金と送料をお知らせください。船便を希望します。

Gostaria de assinar a revista "Cultura brasileira" por um ano. Peço que me informe o valor da assinatura anual.
「ブラジル文化」誌の1年間の定期購読をお願いしたいのですが、年間の購読料をお知らせください。

Peço que me informe a forma de pagamento. Poderia pagar com cartão de crédito?
支払方法を教えてください。クレジット・カードでの支払いは可能ですか？

Envio-lhes o pedido por FAX. Atenciosamente.
注文書をFAXにて送信いたします。よろしくお願いします。

Abaixo consta o endereço a ser enviado o pedido.
注文商品の送り先は以下の住所です。

Notificamos que o endereço de entrega é diferente do comprador.
届け先が注文主の住所とは異なっていますので注意してください。

Peço que envie a encomenda por correio expresso.
速達での発送をお願いします。

Ouvi dizer que os senhores estão preparando a edição revisada do dicionário português-japonês. Desejo encomendar a nova edição, e peço a gentileza de me avisar tão logo ele seja editado.
ポ和辞典の改訂版を準備していると聞きました。新版を注文したいので、発行され次第ご連絡をお願いいたします。

10 クレーム

❶ 返品

Kobe, 25 de novembro de 20XX.

Prezados Senhores,

O produto que comprei em vinte de novembro, como presente de Natal, acaba de ser **entregue**. Infelizmente não é aquele que escolhi, e ainda, não está funcionando direito.

Assim, coloco o produto à disposição de vocês para que seja **retirado** o quanto antes.

Cordialmente,
Ichiro Tanaka

20XX年11月25日、神戸
拝啓
11月20日に御社で購入したクリスマスプレゼント用の製品が届きました。私共が選んだものではないうえ、動きません。
早急に交換をお願いします。
敬具
田中一郎

NOTA

2つの形の過去分詞を持つ動詞(verbo abundante)

過去分詞は動作の完了や過去に関する動作を表し、規則的な過去分詞は不定詞の語尾 -ar, -er, -ir をそれぞれ -ado, -ido, -ido に置き換えて作ります。

　　quebrar（壊れる）→ quebrado　　enviar（送る）→ enviado
　　revisar（校正する）→ revisado　　retirar（取り除く）→ retirado
　　realizar（実行する）→ realizado　　quitar（債務を解く）→ quitado
　　solicitar（求める）→ solicitado　　mencionar（言及する）→ mencionado
　　comprar（買う）→ comprado　　indicar（支持する）→ indicado
　　falecer（亡くなる）→ falecido　　pedir（依頼する）→ pedido

不規則な過去分詞は次のように多様な語尾変化が見られます。

　　abrir（開く）→ aberto　　　cobrir（覆う）→ coberto
　　dizer（言う）→ dito　　　　escrever（書く）→ escrito
　　fazer（する）→ feito　　　　pôr（置く）→ posto
　　ver（見る）→ visto　　　　　vir（来る）→ vindo

少数ですが、規則形と不規則形の2つの過去分詞を持つ動詞があります。
規則形は助動詞の ter と haver を用いて能動態を作り、不規則形は助動詞 ser と estar を用いて受動態を作ります。

　　aceitar（受け入れる）→ aceitado / aceito
　　entregar（渡す）→ entregado / entregue
　　fixar（固定する）→ fixado / fixo
　　imprimir（印刷する）→ imprimido / impresso
　　morrer（死ぬ）→ morrido / morto
　　prender（捕える）→ prendido / preso
　　salvar（救う）→ salvado / salvo

▶ ＜破損・返品＞に関する表現

Recebi no dia 3 de dezembro o conjunto de copos de cristal que comprei de vossa companhia. Ao abrir o pacote, encontrei dois deles quebrados.
12月3日に貴社から購入したクリスタルグラスのセットが届きました。小包を開けたところ、そのうちの2個が割れているのがわかりました。

Não é da cor que pedi. Peço que retire o produto e me envie o quanto antes o produto pedido.
私が指定した色ではありません。品物を引き取るとともに、正しい注文品を早急に発送してください。

Quero devolver. É possível o reembolso do valor ou a troca por outro?
返品を希望します。代金の払い戻しか他の品との交換は可能ですか？

❷ 配達の遅れ

Nagoya, 10 de julho de 20XX.

Para: Sr. Paulo da Silva

Assunto: Reclamação por atraso

Senhores,

Até a presente data não recebemos as mercadorias solicitadas em nosso pedido mencionado. Solicitamos providências urgentes.

Atenciosamente,

Ichiro Tanaka

20XX年7月10日、名古屋
パウロ・ダ・シウヴァ様
件名：配達遅れのクレーム
拝啓
本日現在まで、添付した注文書の通り、貴社に注文した品が当方に届いておりません。早急に解決を願います。
敬具
田中一郎

▶ ＜未着商品＞に関する表現

Pedimos que verifique se recebeu a nossa nota de pedido. Envio, como referência, a cópia do pedido.
こちらの注文書を受け取ったかどうか調べてください。参考までに、注文書のコピーを同封します。

Fiz o pedido do produto no dia 10 de outubro. Passado um mês, não recebi nenhuma explicação pelo atraso. Peço o envio imediato do pedido. Se o envio já foi realizado, solicito que me informe a data de envio.
10月10日に商品を注文しました。1カ月経ちますが、延滞の説明も何もありません。早急に発送願います。発送済みであれば、送付日を知らせてください。

11 支払い督促

Salvador, 10 de novembro de 20XX.

Ilmo Sr. Pedro da Silva
Empresa DEF

Prezado Senhor,

Informamos que o pandeiro comprado pelo senhor, no valor de 300 reais, ainda não foi quitada.

Pedimos que providencie o pagamento, enviando-nos a cópia do comprovante bancário.

Atenciosamente,
Empresa ABC

20XX年11月10日、サルバドール
ペドロ・ダ・シウバ様
DEF社
拝啓
貴殿が購入された300レアルのパンデイロの金額がまだ支払われていないことをお知らせします。
支払い後、銀行の振り込み証明書のコピーをご送付願います。
敬具
ABC社

12 支払い督促への返事

Salvador, 13 de novembro de 20XX.

Empresa ABC

Prezados Senhores,

Causou-me surpresa sua correspondência de cobrança do pandeiro.

Ele foi pontualmente quitado na agência bancária indicada por V. Sª, conforme comprova o documento anexo (cópia).

Atenciosamente,

Pedro da Silva

Empresa DEF

20XX年11月13日、サルバドール
ABC社
拝啓
パンデイロの代金の督促状に驚きを禁じえませんでした。
当該金額は貴社指定の銀行口座に振り込んでおりますことを添付書類（コピー）にて証明致します。
敬具
ペドロ・ダ・シウバ
DEF社

▶ ＜請求＞に関する表現

Recebi a notificação que o valor enviado foi insuficiente. Sinto muito. Envio-lhes em anexo o vale postal internacional no valor da diferença.
支払金額が不足しているというご指摘を拝見しました。大変申し訳ありませんでした。差額分を早急に国際郵便為替にて送付します。

O valor cobrado pelos senhores não corresponde ao valor debitado pelo cartão de crédito. Envio-lhes a cópia de ambos para resolver a situação.
貴社の請求書の金額とクレジットカードから請求された金額が違います。両方の控えを同封しますので、対応をお願いします。

13 謝罪

Salvador, 16 de novembro de 20XX.

Ilmo Sr. Pedro da Silva

Empresa DEF

Prezado Senhor,

Lamentamos a carta de cobrança indevida que lhe remetemos, quando V. Sª já havia quitado o pandeiro pontualmente, junto ao banco por nós indicado.

Certos de que fatos como este não mais se repetirão, queira aceitar nossas desculpas.

Atenciosamente,

Empresa ABC

> 20XX年11月16日、サルバドール
>
> ペドロ・ダ・シウバ様
> DEF社
>
> 拝啓
> パンデイロの代金の支払いが我が社指定の銀行口座へ既に行われていたにもかかわらず、当方が不適切な督促状を送付しましたことをお詫びします。
> このような事態が繰り返されないことを約束し、謝罪の言葉を受け入れてくださるようお願いいたします。
> 敬具
>
> ABC社

NOTA

certo de ...　確信した、納得した

certos de は certo de の複数形で、nós estamos（我々は）/ eles estão（彼らは）という複数形に対応しています。

　Eu estou certo disso.
　私はそれについて確信しています。

　Cientistas estão certos de que há gelo em Marte.
　科学者たちは火星に氷があると確信しています。

▶ ＜謝罪＞の表現

Sentimos muito pelo transtorno causado aos senhores.
皆様にご迷惑をおかけして、本当に申し訳ありません。

Pedimos que compreenda o nosso sentimento de perdão.
私どもの謝罪の気持ちをどうか分かってください。

Pedimos que aceite as nossas desculpas.
私どもの謝罪をどうぞ受け入れてください。

14 推薦状

25 de novembro de 20XX

Exmo. Sr. Reitor da Universidade ABC

Carta de Recomendação

Eu, Pedro Soares, recomendo-lhe o Dr. Jorge da Silva para a vaga de professor do Departamento da Língua e Cultura Internacional da Vossa Universidade. Ele é uma pessoa competente e tem a excelente capacidade de ensinar bem a língua e cultura portuguesa, dedicando-se ao trabalho com o maior esforço incansável. Subscrevo-me com elevada consideração.

Os melhores cumprimentos,

Pedro Soares

Professor Doutor do Departamento de Línguas da Universidade DEF

20XX年11月25日
ABC大学学長様

推薦状

私、ペドロ・ソアレスはジョルジェ・ダ・シウヴァ博士を貴大学国際言語文化学部の教員に推薦致します。また彼は能力ある人物でポルトガル語及び文化を教えることに勤勉に最大限の努力をし、仕事に献身的に取り組む能力に非常に優れていることを保証いたします。ここに謹んで署名致します。

敬具

ペドロ・ソアレス
DEF大学教授（博士）

15 求人応募・履歴書

ポルトガル語で履歴書のことを正式には Curriculum Vitae と言います。日本のように書式が決まっているわけではなく、自由に書くことができます。学歴や職歴を項目別に簡潔にまとめるとよいでしょう。また、履歴書を送付する時にはカバーレターが必要です（いきなり履歴書のみを送付するのは失礼です）。

❶ 求人応募のカバーレター

Osaka, 10 de novembro de 20XX.

ABC Ltda.
A/C Departamento de Recursos Humanos

Atendendo ao anúncio publicado no jornal "Brasil Press", do dia 9 deste mês, envio currículo para sua avaliação.

Coloco-me desde já à disposição para um posterior contato, onde poderei fornecer outras informações sobre a minha formação e experiência profissional.

Respeitosamente,

Taro Tanaka

Anexo: curriculum vitae

20XX年11月10日、大阪

株式会社 ABC
人事部御中

今月9日の「ブラジルプレス」新聞の募集広告に応募したいと思い、履歴書を送付致します。
学歴、職歴についての詳細をご提供できる機会を設けて頂ければと思います。ご連絡お待ちしています。
敬具

田中太郎
添付書類：履歴書

❷ 履歴書

Curriculum Vitae

1. Dados Pessoais
   Nome: Taro Tanaka
   Data de nascimento:10 de novembro de 1980
   Naturalidade: Osaka
   Sexo: masculino
   Nacionalidade: japonesa
   Estado civil: solteiro
   Residência:
     Osaka-shi, Chuo-ku, Osaka-cho 1-1-1
   Telefone&Fax: 06-111-2222
   E-mail: tarotanaka@taro.com
2. Formação acadêmica: Bacharel em Letras, formado pela Universidade de Osaka em 2003
3. Atividade profissional: Tradução e intérprete na Empreiteira Brasil desde 2003
4. Línguas estrangeiras: português e inglês fluente, falo razoavelmente bem o espanhol.
   Informação adicional: entrada ao serviço livre a partir de janeiro de 2011

       Osaka, 10 de novembro de 2010.
                      Taro Tanaka
                      Taro Tanaka

履歴書

1. 個人データ
   氏名：田中太郎
   出生年月日：1980年11月10日
   出生地：大阪
   性別：男性
   国籍：日本

　　　　　　　　　婚姻状況：独身
　　　　　　　　　住所：大阪市中央区大坂町 1-1-1
　　　　　　　　　電話＆ファックス：06-111-2222
　　　　　　　　　メールアドレス：tarotanaka@taro.com
　　2．学歴：2003 年大阪大学文学部卒業、文学学士
　　3．職歴：2003 年から派遣会社ブラジルにて通訳・翻訳
　　4．外国語：ポルトガル語と英語は堪能、スペイン語はかなり話せます。
　　　　備考：就職時期は 2011 年 1 月より随時

　　　　　　　　　　　　　　　　　2010 年 11 月 10 日、大阪
　　　　　　　　　　　　　　　　　　　　　　　　田中太郎
　　　　　　　　　　　　　　　　　　　　　　　Taro Tanaka

NOTA

Sexo: masculino（性別：男性）

「男性」「女性」という単語は通常「homem」、「mulher」ですが、性別を表す時は、「masculino」「feminino」になります。
　　banheiro masculino　男子トイレ
　　banheiro feminino　女子トイレ

Nacionalidade: japonesa（国籍：日本）

男性でも、国籍の表し方はすべて女性形です。「国籍」という単語が女性名詞で、女性形で一致させます。
　　nacionalidade brasileira　ブラジル国籍
　　nacionalidade portuguesa　ポルトガル国籍

学部を表す言葉
　　Dept. de Sociologia　社会学部　　**Dept. de Letras**　文学部
　　Dept. de Língua Estrangeira e Tradução　外国語・翻訳学部
　　Dept. de Economia　経済学部　　**Dept. de Direito**　法学部
　　Dept.= Departamento　学部

6 FAX

ビジネスでは、FAX通信文書の前に、送信状(カバーレター)をつけるのが普通です。送信状に定型の形式はないのですが、相手先に伝えるべき必要事項はあります。送信状の用紙も送信文と同じA4サイズを使うのが普通です。

1 送信状

Hotel ABC
Foz do Iguaçu, 123-23, Brasil

MENSAGEM: FAX

Páginas, incluindo esta: 2
Para: Seção de Reservas
Número do FAX: 55-45-521-1234
De: Kazue Nonaka
Data: 10 de dezembro de 20XX

Por favor, caso este fax não esteja legível, entre em contato comigo pelo telefone ou fax: +81-6-111-222

ABCホテル
ブラジル国フォス・ド・イグアス123-23番

ファックスメッセージ

このページを含む送信枚数:2枚
予約係御中
ファックス番号:55-45-521-1234
野中和江より
日付:20XX年12月10日
この文書が判読不可能でしたら、以下へご連絡ください。
電話&FAX:+81-6-111-222

❷ 通信文書

本文の内容に関しては、FAXと手紙の違いはほとんどありません。ほとんどリアルタイムで通信文書が相手に届くことと、オリジナル文書が手元に残るので、返事をもらった時に、内容がすぐ把握できることが利点だとは言えますが、誰が受け取るか不明ですので、機密保持の保証はまったくないのが欠点です。

これらの特徴を考えて、FAXを利用しなければなりません。以下、ホテルの予約を例に、FAX文書を作成してみましょう。

❸ ホテルの予約

ホテルに予約を入れるときは、まず先方から必要な情報を取り寄せ、十分検討してから予約を入れましょう。何の情報もないまま予約してしまうと、せっかくの特別割引サービスなどが受けられない場合があります。最近はインターネット予約ができるホテルも多くなってきました。ここでは、ファックスでの予約の際、抑えておきたいポイントを紹介します（メールでも同様です）。

複数のホテルに同文の情報依頼の手紙を出して、先方からの返事を比較検討してから、どこのホテルに予約を入れるか決めるやり方はいかがでしょうか。情報依頼をしたからといって、そこに予約をしないといけない、なんて考える必要はまったくありません。

●最初の手紙で空室状況を問い合わせます。

Solicitamos a reserva de (1 quarto para casal) para (1 dia) no dia (1º de janeiro de 2012).
（2012年1月1日）(1泊) で（ツイン1部屋）を予約したいのですが。

Poderia me enviar a lista de preços do seu Hotel?
そちらのホテルの料金表を送ってもらえますか？

●特別割引は知らないと適応してもらえません。

Há algum serviço especial de desconto em (janeiro)?
（1月）の特別割引料金サービスは何かありますか？

●特別な要望がある場合は最初に具体的に問い合わせます。

> Prefiro um (quarto para não fumante).
> （禁煙室）をお願いしたいのですが。
>
> Precisamos de (uma cama extra).
> （エキストラベッドをひとつ）お願いしたいのですが。
>
> É possível fazer o (check-in antecipado / check-out tardio)?
> 定刻よりも（早くチェックイン / 遅くチェックアウト）したいのですが、対応していただけますか？

●必要な情報を集めて予約します。

> Há algum serviço especial de transporte do aeroporto até o hotel?
> 空港からそちらのホテルまで何か特別な送迎サービスはありますか？

●宿泊予定日、部屋の種類と数、到着日、到着便を明確に。

> Desejo fazer reserva para (três quartos de solteiro durante uma semana, entre os dias 1º e 8 de janeiro).
> （1月1日から8日までの一週間シングルの部屋を3室）予約したいのですが。
>
> Chegarei no aeroporto de (Narita) às (13h). O voo é (JAL 100).
> 私は（成田）空港に（13時）に到着します。便は（日本航空の100便）です。

●急いで返事がほしいときはその旨明記します。

> Poderia nos enviar um FAX o mais breve possível sobre suas informações?
> そちらからの情報をできるだけ早くファックスして頂けますでしょうか？

●予約の確認書は必ずもらいましょう。

予約の確認書は忘れずに受け取り、それを持ってチェックインしましょう。

> Aguardo a confirmação da reserva por FAX.
> 予約の確認書をファックスで送ってください。

6 FAX

> **NOTA**
>
> **クレジットカード番号**
>
> 予約を確実にするためにクレジットカード保証を要求するホテルもあります。重要な個人情報ですので、FAX の場合、十分注意して送信しましょう。
>
> **O meu cartão de crédio é (VISA ...), cuja validade é até (dezembro de 2012).** 私のクレジットカード番号は（VISA…）で、有効期限は（2012年12月）です。

❶ ＜ホテルの情報収集＞

Osaka, 10 de dezembro de 20XX.

Ao: Divisão de Reservas

Assunto: Pedido de informação

Prezados Senhores,

Solicitamos informações sobre a disponibilidade dos quartos e o preço de estadia dos mesmos.

Pedimos que nos informem caso haja algum serviço especial de desconto.

Nosso pedido é como se segue:

1. 2 quartos de casal, para 4 pessoas, 6 diárias, entre os dias 26 e 31 de dezembro de 20XX.
2. Se possível, quartos para não-fumantes, longe dos elevadores e de frente à praia.
3. O nosso voo chega na parte da manhã. É possível fazermos um check-in antecipado?

    Caso sim, nos informe o horário.
4. Há algum serviço de transporte do aeroporto até o hotel?

    Contamos com uma resposta imediata por FAX ou e-mail abaixo.

    Kazue Nonaka (Sra.)
    TEL& FAX: +81 (6) 111-222
    E-mail: abc@def.com

Atenciosamente,
Kazue Nonaka (Sra.)

> 20XX年12月10日、大阪
> ホテル予約係御中
> 件名：情報提供依頼
>
> 拝啓
> そちらのホテルの空室状況と宿泊料金をお知らせください。
> また何か特別割引料金のサービスがありましたら、合わせてお知らせください。
> 当方の希望は下記の通りです：
> 1. 20XX年12月26日から31日までの6泊で4名、ツインを2部屋。
> 2. できれば禁煙室、エレベータから遠く、海に面した部屋を希望します。
> 3. 飛行機の到着が午前中なので、早いチェックインは可能ですか？
>   可能でしたら、何時からかお知らせください。
> 4. 空港からホテルまでの送迎サービスがあれば教えてください。
>   お返事を早急に下記までファックス、もしくはe-mailでお願いいたします。
>
> 　　　　野中和江（女性）
> 　　　　電話＆ファックス：＋81（6）111-222
> 　　　　メールアドレス：abc@def.com
> よろしくお願いいたします。
> 野中和江（女性）

NOTA

レイアウト

・日付
・宛名
・予約の前に情報収集
　日程、部屋の数と種類、宿泊人数、そのほか特別な要望を簡潔にまとめます。箇条書きがベストです。
・早く返事がほしいときはその旨明記
・返信先がこの手紙の主役
　メール送信の場合は、返信メールアドレスだけでもいいです。
・結びのあいさつ
・署名
　タイプした自分の名前の上に直筆のサインをします。

❷ ＜ホテルの予約＞

> Osaka, 10 de dezembro de 20XX.
>
> Ao: Divisão de Reservas
> Assunto: Pedido de reserva do hotel
>
> Prezados Senhores,
>
> Solicitamos a reserva de 2 quartos de casal, para 4 pessoas, 6 diárias com café da manhã, entre os dias 26 a 31 de dezembro de 20XX.
>
> Faremos um passeio pela cidade antes do check-in, por esse motivo não sabemos a hora exata de nossa chegada ao hotel.
>
> Aguardamos confirmação de reserva.
>
> Cordiais saudações,
>
> Kazue Nonaka (Sra.)

> 20XX年12月10日、大阪
> ホテル予約係御中
> 件名：ホテル予約依頼
>
> 拝啓
> 20XX年12月26日から31日までの6泊、朝食付きで4名、ツイン2部屋の予約をお願いいたします。
> チェックイン前に市街地を散策しますので、ホテル到着時刻が正確にわかりません。
> 予約の確認をお願いいたします。
> 敬具
>
> 野中和江（女性）

▶ ＜ホテル関係＞の表現

Solicitamos um quarto com uma ótima vista ao mar.
海側の眺めの良い部屋をお願いします。

Qual é o horário de abertura da piscina?
プールが開いているのは何時から何時までですか？

Caso o seu hotel esteja cheio, poderia nos sugerir algum outro do mesmo nível?
もし空き室がない場合、貴ホテルと同等のホテルをご紹介いただけますか？

É mais caro que o nosso orçamento. Há outro quarto mais barato?
料金が予算より高すぎます。もう少し安い部屋はありますか？

Infelizmente, iremos cancelar a reserva. Deixaremos a estadia para uma outra ocasião.
残念ながら今回は宿泊予約を見送ります。またの機会に貴ホテルに滞在したいと思います。

Agradecemos muito pela calorosa hospitalidade na estadia passada. Aproveitamos a estadia e a nossa viagem se tornou **inesquecível**.
前回泊まった際、行き届いたお世話をしていただき、ありがとうございました。おかげさまで滞在を楽しむことができ、忘れ難い旅になりました。

*inesquecível: in + esquecí (esquecer 忘れる) +vel

in は否定・反対を意味する接頭辞で、pの前だとimとなります。

  determinado　特定 — indeterminado　不定
  dependente　依存 — independente　自立
  perfeito　完全 — imperfeito　不完全
  pontual　時間にきちょうめんな — impontual　時間にきちょうめんでない

vel は可能の意を持つ接尾辞で、動詞から形容詞を形成します。

  confiar　信頼する — confiável　信頼できる
  sustentar　支える — sustentável　持続可能な
  lavar　洗う — lavável　洗濯可能な

NOTA

ホテルのオンライン予約 Reserva on line の項目

Chegada　チェックイン日	Saída　チェックアウト日
Diária　宿泊日数	Adultos　大人
Crianças　小人	Acomodação　部屋
Standard　スタンダード	Duplo　ダブル
Suíte　スイート	Valor da diária　一泊料金
Detalhes do hotel　ホテルの詳細	Nome do hóspede　宿泊客氏名
Endereço　住所	Complemento　住所の補足
Bairro　町　　Cidade　市	Estado　州　　País　国
CEP　郵便番号	Forma de pagamento　支払方法
Nº do cartão　カード番号	Data de validade　有効期限
Tipo de cartão de crédito　カードの種類	
Código de segurança　セキュリティコード	
Titular do cartão　カードの名義人	

Solicitações especiais/ Comentários　特別な要望/コメント
Fumante/ Não fumante　喫煙/禁煙
Finalizar reserva　予約完了

NOTA

インターネット上の無料の翻訳エンジン

　最近は多言語間の翻訳エンジンが数多くあります。今のところ100％頼ることはできませんが、ある程度参考になります。

　実際に翻訳をする場合は、指定のブランクに翻訳したい文章を入力し、翻訳間言語（日本語からポルトガル語か、ポルトガル語から日本語）を選んで、「翻訳」のボタンを押すだけです。

　簡単な作業ですが、残念ながらパーフェクトな訳文が完成するというわけではありません。特に、訳文の順序が不自然になることがとても多いのです。

　日本語の文章を機械翻訳にかけて、それをそのまま送ることは避けましょう。

　機械翻訳を使用する場合、元の日本語の見直しが大事です。日本語は文が長くなりがちですが、ポルトガル語文に要求されるのは簡潔さとわかりやすさです。できるだけ一つのセンテンスを短く、シンプルにしましょう。幼稚な文章になるのを嫌って、日本語では難しく考えがちですが、これをきっかけにシンプルでやさしい日本語文にトライしましょう。

　また、日英の機械翻訳はかなり発達していますが、ポルトガル語はそうではありません。機械翻訳後の文章はあくまでも下訳や参考程度として考えてください。

エキサイト翻訳
http://www.excite.co.jp/world/portuguese/
グーグルの言語ツール
http://www.google.com/language_tools?hl=ja
ブラジル版ヤフーの翻訳エンジン
http://br.babelfish.yahoo.com/

7 スケジュールと日記

　スケジュールや日記をポルトガル語でつけることは、つづりや文法の間違いを気にしないで日ごろから書く練習をするのに、もっとも手ごろで最適な方法だと思います。誰に見せるわけでもなく、自分のために書いているのですから、他人に宛てて書くときとは一味違う自由な気分を味わえます。

1 スケジュールをつける

　スケジュールをつける目的は、自分のさまざまな予定や約束を忘れないようにすることです。細かな文法にこだわらず、必要事項を単語で書くだけですので、それほど大変ではありません。

　また、自分で意味がわかりさえすれば、略語を使ったり、省略したりもできるわけです。ただ、後で読んで意味がわからなくなってしまうようでは困りますので、適度に略しましょう。特にルールもありませんので、好きなスペースに好きなことを書いても良いでしょう。手帳は持ち主の性格を反映するものですから、自分に合わない書き方をする必要はありません。

　毎日記入していくと、身近なことがすらすら書けるようになるだけでなく、自然にポルトガル語で言えるようにもなるはずです。

　ここでは、日頃よく使いそうな事柄を種類別に並べてみました。

●曜日

月曜日 segunda-feira (seg.) / 2ªf / segunda	金曜日 sexta-feira (sex.) / 6ªf / sexta
火曜日 terça-feira (ter.) / 3ªf / terça	土曜日 sábado (sáb.)
水曜日 quarta-feira (qua.) / 4ªf / quarta	日曜日 domingo (dom.)
木曜日 quinta-feira (qui.) / 5ªf / quinta	

7 スケジュールと日記

●日付
2010年12月26日（水）は、次の二つの方法で表すことができます。

(1) <u>26</u> de <u>dezembro</u> de <u>2010</u> (<u>domingo</u>)
　　　日　　　　月　　　　　年　　　　日曜日

(2) 26/ 12/ 10 (dom.)

(2)は、スラッシュで区切り、年号を下二桁で表し、曜日を省略形にしています。スペースが限られている手帳ではこのように書いたほうがスペースの節約になるでしょう。また、英語と異なり、ポルトガル語の「月」や「曜日」の表記は大文字ではなく小文字ですので混同しないように注意しましょう。

● 特別な日

結婚記念日	aniversário de casamento
バレエの発表会	apresentação de balé
音楽発表会	apresentação musical
～さんの結婚式	casamento de …
結婚10周年	10º aniversário de casamento
金婚式	Bodas de ouro
銀婚式	Bodas de prata
学位授与式	colação de grau
水泳大会	competição de natação
盆踊り	dança bon-odori
競技会	campeonato esportivo
修学旅行	excursão escolar
新年会	festa de ano novo
歓迎会	festa de boas vindas
～さんの結婚披露宴	festa de casamento de
送別会	festa de despedida
忘年会	festa de fim de ano
卒業記念パーティー	festa de formatura
文化祭	festival cultural
夏祭り	festival de verão
卒業式	formatura

〜さんの葬式	funeral do(a) Sr(a). …
運動会	gincana esportiva
オリンピック	Olimpíadas
ピクニック	piquenique
花火大会	queima de fogos
高校の同窓会	reunião dos colegas do colegial
テニス大会	torneio de tênis
〜さんの通夜	velório do(a) Sr(a). …

● さまざまな休み

日曜出勤の代休	descanso pelo trabalho no domingo
休み	dia de descanso
お盆休み	feriado de obon
振替休日	feriado substituido
ハッピーマンデー	feriado na segunda-feira
ゴールデンウィーク	feriado prolongado da golden week
週末連休	fim de semana prolongado
冬休み	férias de inverno
春休み	férias de primavera
夏休み	férias de verão
有給休暇	férias remuneradas
産休	licença maternidade

● さまざまな試験

ディクテーション	ditado
筆記試験	exame escrito
面接試験	entrevista
センター試験	exame de admissão nacional
入社試験	exame de elegibilidade para o trabalho
資格試験	exame de qualificação
国家試験	exame estatal
司法試験	exame jurídico

7　スケジュールと日記

口述試験	exame oral
模擬試験	exame simulado
小テスト	miniteste
追試験	prova de recuperação
適性検査	teste de aptidão
実力テスト	teste de competência acadêmica
ヒアリングテスト	teste de escuta e compreensão
選択肢テスト	teste de múltipla escolha
マークシートテスト	teste de pontuação computadorizada
体力テスト	teste de resistência física
○×テスト	teste de tipo verdadeiro ou falso
期末テスト	teste final
中間テスト	teste intermediário
抜き打ちテスト	teste surpresa

● プライベート

昼食	almoço
銭湯	banho público
同僚と飲み会	beber com colegas de trabalho
バイト	bico
バーベキュー	churrasco
ベビーシャワー	chá de bebê
新居開きパーティー	chá de casa nova
映画	cinema
クラブ	clube escolar
潮干狩り	colheita de mariscos
ぶどう狩り	colheita de uvas
買い物	compras
相談	consulta
お見合い	encontro arranjado para o casamento
デート	encontro com namorado(a)
誕生日パーティー	festa de aniversário

新入生歓迎会	festa de boas vindas aos calouros
コンパ	festa de solteiros
サプライズパーティー	festa surpresa
温泉	fontes termais
インターネットカフェ	internet café
夕食	jantar
カラオケ	karaokê
洗車	lavagem do carro
ミュージカル	musical
墓参りに行く	rezar no cemitério
ライブコンサート	show ao vivo
ジャズコンサート	show de jazz
歌舞伎	teatro *kabuki*
帰省する	voltar para a terra natal
実家に帰る	voltar para casa

● お稽古事・趣味

ジム	academia
キャンプ	acampamento
エアロビクス	aeróbica
ロッククライミング	alpinismo
部活動	atividades do clube escolar
家庭教師	aula particular
教習所	autoescola
バスケットボール	basquete
野球	beisebol
ボーリング	boliche
ウォーキング	caminhada
ジョギング	cooper
塾	cursinho
アロマテラピー教室	curso de aromaterapia
バレエ教室	curso de balé

習字教室	curso de caligrafia japonesa
カポエイラ教室	curso de capoeira
茶道教室	curso de cerimônia de chá
陶芸教室	curso de cerâmica/ porcelana
パソコン教室	curso de computador
料理教室	curso de culinária
ダンス教室	curso de dança
生け花教室	curso de *ikebana* (arranjo de flores)
英会話教室	curso de inglês
手話教室	curso de linguagem de sinais
ピアノ教室	curso de piano
油絵教室	curso de pintura a óleo
ポルトガル語教室	curso de português
サンバ教室	curso de samba
着物の着付け教室	curso de vestimenta do kimono
バイオリン教室	curso de violino
ポルトガル語の個人授業	curso particular de português
乗馬	equitação
山登り	escalada
スキー	esqui
水上スキー	esqui aquático
写真	fotografia
サッカ	futebol
フットサル	futsal
ゴルフ	golfe
スキューバダイビング	mergulho
水泳	natação
スケート	patinação no gelo
釣り	pesca
ビリヤード	sinuca
サーフィン	surfe
テニス	tênis
バレーボール	vôlei
ウィンドサーフィン	windsurfe

●覚え書き

	引っ越しの手伝い	ajudar a mudança
	Aの誕生日	aniversário de A
	リキを空港まで迎え	buscar o Riki no aeroporto
	幼稚園に息子の迎え	buscar o filho na pré-escola
	タイヤの空気圧チェック	checar a pressão do pneu
	関空着午後3時B01便	chega em Kanku às 3h da tarde, Voo B01
	妻に花を買う	comprar flores para a minha esposa
	お歳暮を買いに行く	comprar o *oseibo*
	電車の定期券購入	comprar o passe de trem
	夫にプレゼントを買う	comprar presente para o meu esposo
	甥の子守	cuidar do sobrinho
	預金する	depositar
	本（ビデオ）を返す	devolver o livro (vídeo)
	粗大ゴミの日	dia de lixo grande
	燃えないゴミの日	dia de lixo não queimável
	燃えるゴミの日	dia de lixo queimável
	給料日	dia de pagamento
	婚姻届を出す	entregar a notificação de casamento
	手紙を出す	enviar cartas
	クリスマスカードを送る	enviar o cartão de Natal
	暑中見舞いを送る	enviar o cartão de saudação de verão
	お中元を贈る	enviar o *ochūgen*
	Aにお礼の手紙を書く	escrever carta de agradecimento para A
	年賀状を書く	escrever o cartão de Ano Novo
	健康診断	exame de saúde
	一年毎の定期健診	exame de saúde anual
	買い物をする	fazer compras
	Aの締め切り	fim do prazo de A
	ポルトガル語番組の録画	gravar o programa de português
	通信教育を申し込む	inscrição ao curso por correspondência
	車検	inspeção do carro
	郵便局へ行く	ir ao correio

7　スケジュールと日記

クリーニングに出す	levar as roupas à lavanderia
Ａの件でＢに電話をする	ligar para B sobre A
バーゲンセール	liquidação
振込みをする	pagamento
ボーナス支給日	pagamento do bônus
家賃を払う	pagar o aluguel
保険料を払う	pagar o seguro
回覧板をまわす	passar a circular
営業時間を問い合わせる	perguntar o horário comercial
出産予定日	previsão de parto
フライトの再確認	reconfirmar o voo
免許の更新	renovação da carteira
賃貸の契約更新	renovação do contrato de locação
ビザの更新	renovação do visto
パスポートの申請	requerimento do passaporte
ホテルを予約する	reservar o hotel
お金を下ろす	retirar dinheiro
ＰＴＡ会議	reunião da APM
学校の三者面談	reunião dos pais-professores-alunos
写真の現像	revelar as fotos
国際運転免許証を取得	tirar a carteira de motorista internacional
クリーニングを取りに行く	trazer as roupas da lavanderia
オイル交換する	trocar óleo
野中先生・家庭訪問	visita ao lar: professora Nonaka
祖母の見舞いに行く	visitar a vovó no hospital

● ～の予約：Reserva ...

ホテル	do hotel
エステ	de limpeza facial
理髪店	do barbeiro
歯科医	do dentista
皮膚科	do dermatologista
病院	do hospital

眼科医	do oftalmologista
歯の矯正	do ortodontista
耳鼻咽喉科	do otorrinolaringologista
イタリアレストラン	do restaurante italiano
美容院	do salão de beleza
飛行機	do voo
針治療	para acupuntura
ヘアカット	para corte de cabelo
ヘアセット	para fazer escova
マニキュア / ペディキュア	para manicure / para pedicure
メイクアップ	para maquiagem
マッサージ	para massagem
パーマ	para permanente
ヘアカラー	para tingir cabelo

● 仕事関係

打ち合わせ	acerto prévio
年末調整	ajuste de imposto do final do ano
退職	desligamento
定年退職	aposentadoria por limite de idade
プレゼンテーション	apresentação
多数決で可決	aprovado pela decisão da maioria
満場一致で可決	aprovado por unanimidade
相談	assessoria
税務調査	auditoria fiscal
決算	balanço das contas
タイムカードを押す	bater o cartão de ponto
入社式	cerimônia de ingresso
メールチェック	checar o e-mail
集金	coleta de dinheiro
電話会議	conferência por telefone
密談	conversa confidencial
苦情処理	cuidar das queixas

7 スケジュールと日記

あいさつ	cumprimentos
確定申告	declaração de imposto de renda
お茶の休憩	descanso do café
請求書の発行	emitir a fatura
領収書の発行	emitir o recibo
トイレ掃除当番	encarregado da limpeza dos banheiros
1時間前出勤	entrada 1 hora mais cedo
お得意先の接待	entretenimento dos clientes
面接	entrevista de trabalho
午前中欠勤	falta no período da manhã
棚卸し	fazer o inventário
見積書を作る	fazer o orçamento
報告書のまとめ	fazer um relatório
田中さんの送別会	festa de despedida do Sr. Tanaka
新入社員歓迎会	festa de recepção dos novatos
ストライキ	greve
残業	hora extra
残業手当	pagamento de hora extra
サービス残業	hora extra não remunerada
フレックスタイム	horário flexível
昼の休憩	intervalo do almoço
転職	mudança de emprego
交渉	negociação
賃上げ交渉	negociação para aumento salarial
伝票を切る	passar a nota de pagamento
辞職願	pedido de demissão
失業する	perder o emprego
企画の締め切り	prazo do projeto
歓迎会の準備	preparativos para a festa de boas vindas
早番	primeiro turno
就職活動	procura de emprego
退職金をもらう	receber a gratificação de aposentadoria
失業手当をもらう	receber o seguro desemprego
決算報告書	relatório de contas

日報	relatório diário
転勤	relocação
本社へ転勤	relocação para a matriz
休暇届	requisição de férias
メール返信	responder aos e-mails
反省会	reunião de avaliação
株主総会	reunião dos acionistas
取締役会	reunião dos diretores
朝礼	reunião matinal
懇親会	reunião social
早退する	sair mais cedo
就職セミナー	seminário de emprego
左遷される	ser afastado
昇進する	ser promovido
降格する	ser rebaixado
コピーを取る	tirar cópia
単身赴任	trabalho longe da família
夜勤	trabalho noturno
人事異動	transferência interna
遅番	último turno
出向	transferência temporária
研修旅行	viagem de estudo
視察旅行	viagem de inspeção
東京へ出張	viagem de negócio a Tokyo
A社訪問	visitar a companhia A
取引先へ行く	visitar o cliente

まずは、カレンダー、予定表や手帳に、ここで紹介したさまざまなポルトガル語の語句を書き込んでみましょう。毎日、単語や短い表現を書き込むだけでもいざという時に役立つことがあるはずです。

手帳に予定を書きこんでみる

まず、例として、ある人の手帳を見てみましょう。

7 スケジュールと日記

この手帳の持ち主は、ブラジル人のマリアで、35歳です。日本人のご主人と、2人のかわいい子供がいます。京都に住んでいて、通訳や翻訳の仕事をしています。

この手帳のスケジュールは、マリアが自分のために書いたもので、略語もあちらこちらに見受けられます。

スケジュール帳は本人が見てわかればいいので、皆さんも自分なりにアレンジして書いてみてください。

▶ 予定

Dezembro de 20XX

22 (segunda-feira)	10h Umeda Paula férias dermat. (Rui) 5h30 Trad.entrega: DEF (5 hs)
23 (terça-feira)	Festa de fim de ano (rest. Star) 7h Comprar presentes (Rui, Mai) - livro?? Liquidação (Hankyu)
24 (quarta-feira)	Trad.entrega: ABC (9h) Kodan- comprar árvore de Natal
25 (quinta-feira)	9 hs promotoria (caso Silva) Festa: Júlia (3h) (¥1 mil) Bolo?? Frango assado (Carrefour)
26 (sexta-feira)	Aeroporto (AA64) Buscar Jorge 1h estação Kyoto Haruka ¥3490 2h?
27 (sábado)	Visitar vovó (1h) escrever cartão de ano novo
28 (domingo)	Limpeza geral comprar pano de chão Festa Brasileira (11h) Shiga

20XX年12月	
22 (月曜日)	梅田10時 パウラ　休み 皮膚科(フイ) 5:30 翻訳納期：DEF 社 (5 時)
23 (火曜日)	忘年会 (スター店) 7時 プレゼントを買う(フイ、マイ)—本?? バーゲン(阪急)
24 (水曜日)	翻訳納期：ABC 社 (9 時) コーダン—クリスマスツリー購入
25 (木曜日)	検察庁9時 (シウヴァ件) パーティー: ジュリア (3 時)—(千·円) ケーキ？？　ローストチキン (カルフール)
26 (金曜日)	空港 (AA64便) ジョルジ迎えに行く 1時 京都駅 ハルカ ¥3490 2時間?
27 (土曜日)	おばあちゃん訪問 (1時) 年賀状を書く
28 (日曜日)	大掃除　雑巾を買う ブラジルパーティー (11 時) 滋賀

❷ 日記をつける

　自分のスケジュールと同様、日記も完全にプライベートなもの (もちろん、最近はブログなどで公開する人もいますが) なので、どんな間違いがあったとしても恥ずかしいことではありません。
　ポルトガル語日記はうっかり人に見られてしまっても、その人がポルトガル語を理解しない限り、内容は分かりません。つまり、誰に見られても恥ずかしくないわけです。
　日本語で書くよりも、もっともっと大胆に、恥ずかしがらずに書けるように頑張って

7　スケジュールと日記

みましょう。

　日記はポルトガル語を毎日書くという、いいポルトガル語の勉強の機会になりますし、以前書いたものを見直して、自分のレベルの進歩をたどることもできます。

❶ 日記を長続きさせるために

●日記は義務ではありません

もっとも大切なポイントですが、学校の宿題でない限り、日記を書くのは趣味だと考えて楽しむことが大事です。自分の自由時間やライフスタイルに合った日記のつけ方を見つけましょう。空いている時間が毎日あるならば、毎日日記を書いて良いですし、1週間に1度しか空いている時間がなければ、1週間に1度だけでいいのです。日記はあなたの個人的なもので、義務ではありません。

●背伸びをしないで書きましょう

短い、シンプルな文章を並べると幼稚になるから、と思って、複雑な文章を書く必要はありません。自分のポルトガル語力以上の書き方をしようとすると、書き進めなくなってしまいます。採点されるわけではないので、思いつくままに書いてみましょう。

●書く分量はその時の気持ちで決めましょう

1日1行でもいいのです。毎日何行書くぞ、と決めておいたりすると、プレッシャーになってしまいます。つまり義務になってしまうわけです。書きたいときに、書けるだけ書きましょう。書くことがないときは無理をせず、ペンを置いてください。無理に長く書く必要はありません。気軽に無理なく書くことが長続きする秘訣だと思います。

●自分にあった日記帳を選びましょう

さあ、日記を書こう、と思って日記帳を用意するとき、どんな日記帳を買うかで日記が続けられるかどうかに影響を及ぼします。

たとえば、1日1ページの日記帳を買ったとしましょう。時間がなくて1日2、3行しか書けないと、そのページはスカスカに見えます。しばらくすると、書く気が失せてしまうのではないでしょうか。ましてや、週に1，2回しか書けないとしたらなおさらです。白紙のページが続くと、三日坊主で終わってしまいます。

お勧めなのは、見開き2ページに1週間分が書けるようになっている日記帳です。1日あたり数行ですので、あまり書けなかったとしても、ちゃんと日記が続いているという印象になります。

❷ 日記の書き方

特にルールはありませんので、自由に書いてみましょう。

例えば、天気情報だけを毎日書きたい、食べたものを毎日書きたい、体重の増減を書きたい、など、なんでもいいのです。シンプルな文で、要点のみでかまいません。

❸ ポルトガル語の日記を書いてみる

ここでは日常生活の中での出来事やそれに伴う気持ちなど、いくつかのパターンをあげておきます。これらを参考にして、今日からでも書き始めることができるでしょう。また、各日記の後に、表現例文を紹介しています。そこから書きたいことを選んで、さらに表現能力をアップさせましょう。

日記を書き始める時、気負って毎日書こうとしがちですが、そう思うことで負担になって、続きません。毎日書かなくてもいいのです。何か特別なことがあった時にだけ書いたり、また、天候のことだけを毎日つけたりしても構いません。

NOTA 1

日記もコミュニケーションの手段（書き手の私と聞き手の日記）という観点から、Querido diário,と日記に語りかけるように書き出す形式もあります。女性しか使いませんので、本書ではこの形式にしていません。

NOTA 2

日記の特徴として、短い文を強調するとき、よく感嘆符を用います。手紙などでは、感嘆符の使いすぎは読み手を白けさせることがありますので、避けるべきですが、日記の場合は、書き手の気持ちを端的に表しているといえるでしょう。意見や感情を表す単語一語に感嘆符をつけて、長い説明を省く、という使い方も効果的です。

  Delicioso!!　とっても美味しかった！！
  Gato!!!!　すっごいハンサム！！！

7　スケジュールと日記

●お天気

15 de novembro de 20XX Previsão de chuva, mas não choveu.
16 de novembro de 20XX Chuva de manhã. Nublado o dia todo.
17 de novembro de 20XX Sol. Mas está frio.
18 de novembro de 20XX Que vento forte! Meu guarda-chuva quebrou.
19 de novembro de 20XX Frio, frio, muito frio....
20 de novembro de 20XX Que frio! Quero kotatsu!!!
21 de novembro de 20XX Está frio e seco. Minha pele está áspera.

20XX年11月15日　天気予報は雨、でも降らなかった。
20XX年11月16日　朝、雨。一日中曇っていた。
20XX年11月17日　晴れ。でも寒い。
20XX年11月18日　なんて強い風！傘が壊れた。
20XX年11月19日　寒い、寒い、とっても寒い…
20XX年11月20日　なんて寒いの！コタツが欲しい！！！
20XX年11月21日　寒くて乾燥している。肌がガサガサ。

23 de fevereiro de 20XX

O tempo de hoje estava muito ruim.
Nevou bastante ontem e hoje está muito frio.
Não queria sair da cama, mas, tenho trabalho...
Fazer o quê, né.

20XX年2月23日

今日の天気はとても悪かった。
昨日は大雪で、今日はとても寒い。
ベッドから出たくなかったけど、仕事があるから…
どうしようもない。

▶ ＜天候・気候＞に関係する語句

じめじめした	abafado
夕立	aguaceiro
虹	arcoíris
雪崩	avalanche
そよ風	briza
うだるように暑い	calor de rachar
雨	chuva
土砂降り	chuva a cântaros
みぞれ	chuva acompanhada de neve
雷雨	chuva com trovoada
暴風雨	chuva e vento forte
集中豪雨	chuva torrencial
小雨	chuvisco
ハリケーン	ciclone/ furacão
土砂崩れ	desabamento de terra
晴れた日	dia ensolarado
寒い日	dia frio
冷え冷えとする日	dia gélido
暑苦しい日	dia quente e abafado
暖かい日	dia quentinho
快晴	dia ótimo/ dia muito bonito
川の氾濫	enchente/ inundação
梅雨	estação das chuvas
涼しい	fresco
寒い	frio
凍りそうに寒い	frio de congelar
霧雨	garoa
霜	geada
ひょう、あられ	granizo
冬	inverno
霧	neblina
吹雪	nevasca
雪	neve

7 スケジュールと日記

秋	outono
にわか雨	pancada de chuva
若干曇り	pouco nublado
春	primavera
スコール	pé d'água
落雷	queda de raio
蒸し暑い	quente e úmido
稲光	raio
竜巻	remoinho
干ばつ	seca
乾燥した	seco
つらら	sincelo
晴れ	sol
嵐	tempestade
いい天気	tempo bom
どんよりした天気	tempo fechado
曇り日	tempo nublado
地震	terremoto/ tremor de terra
雷	trovão
津波	*tsunami*
台風	tufão
突風	ventania
風が強い	vento forte
夏	verão

▶ ＜天候・気候＞に関係する表現

Que chuva forte. Será que o tufão está se aproximando?
すごい大雨。台風が近づいてきているのでしょうか？

Que calor! Está torrando.
暑い！焼けるようです。

Este ano não faz tão frio como nos anos passados.
今年の冬はこれまでの年ほどそんなに寒くないです。

Apareceu um arcoíris no céu. Faz tempo que não vejo um no céu.
空に虹が出た。久しぶりに見ました。

Já estou farto com os dias de chuva.
雨ばかりの日にうんざりです。

Que medo da chuva ácida.
酸性雨ってこわいです。

A temperatura da Terra está aumentando. Minha avó disse que o verão está mais quente em comparação a 20 ou 30 anos atrás.
地球の温度は上昇しつつあります。2、30年前と比べると、夏が暑くなったとおばあちゃんが言っていました。

Tivemos um teremoto. Que medo!
地震があった。怖い！

Disse no noticiário que o tufão está se aproximando.
台風が近づいてくる、とニュースで言っていました。

Entramos no período das chuvas.
梅雨に入りました。

Terminou o período das chuvas.
梅雨が終わりました。

Foi anunciado hoje o final do período das chuvas.
今日、梅雨明けが発表されました。

O verão no Japão é abafado, diferente do Brasil.
日本の夏はじめじめしていて、ブラジルとは違います。

Não consigo me acostumar com o frio do Japão.
日本の寒さには慣れることができません。

O tempo estava muito bom. Ótimo para piquenique.
とても天気が良かった。ピクニックに最適。

Está nublado. Será que precisa de guarda-chuva?
曇っている。傘はいるでしょうか？

Faremos um piquenique no parque Shibahara. Oxalá faça sol amanhã porque se chover, será adiado para o mês que vem.
柴原公園でピクニックをするので、明日天気になるといいなあ。雨が降ったら、来月に延期されるから。

Ontem o céu estava claro e deu para ver a lua. Estava muito bonita.
昨日、空が澄んでいて月が見えました。とてもきれいでした。

Pela previsão do tempo, vai chover nos próximos três dias.
天気予報によると、これから3日間は雨が降るそうです。

O tempo está muito estranho no mundo todo. Ocorrem enchentes, ciclones, secas onde não havia antes. O que será de nossos netos daqui a 50 anos?
世界中で気候がおかしいです。今までなかったところで、川の氾濫やサイクロン、干ばつが起きています。50年後、私たちの孫はどうなるのでしょうか。

● 外出

```
1º de janeiro de 20XX

Hoje é ano novo. Feliz Ano Novo!
Fui a um santuário xintoísta com meus amigos.
Estava cheio!!!!!!!
À tarde, fui a uma liquidação da loja de
departamento perto de casa.
Espero que este ano seja melhor do que o ano
passado.
```

```
20XX年1月1日

今日は元旦。新年明けましておめでとう。
友達と神社に行った。とっても込んでいた！！！！
午後は近くのデパートのバーゲンへ行った。
今年は去年よりよい年でありますように。
```

> **NOTA**
> 「行く」に関連した動詞＋前置詞のセット

ir a ... 　～へ行く
a は方向を表す「～へ」という前置詞。ir a ...で、一時的な滞在で「～へ行く」という意味になります。定冠詞との縮合形 à (a + a)、ao (a + o) の場合もあります。

Vamos à escola. 　学校へ行きます。
Vamos ao zoológico. 　動物園へ行きます。

ir para ... 　～に行く、～しに行く
para は方向を表す「～に」という前置詞。中長期の目的のある滞在で「～へ行く」という意味になります。para は「～のために」という意味でもよく使われます。

Vamos para o Brasil.
私はブラジルに行きます。
Vou para conhecer o país.
私は国のことを知るために行きます。

ir até ... 　～まで行く
Vá até o aeroporto, por favor.
空港まで行ってください。

▶ ＜外出する＞に関係する表現

Vou ao curso de culinária uma vez por semana.
週一回料理教室に通っています。

Fui para o salão de beleza e cortei o cabelo.
美容院に行って、髪を切りました。

Fui à biblioteca no domingo para devolver os livros.
日曜日、本を返しに図書館へ行ってきました。

Fui ao parque, mas não havia ninguém ...
公園へ行った。誰もいませんでした…

Fui para o correio mandar cartas.
郵便局に手紙を出しに行きました。

Fui ao banco retirar dinheiro para pagar o aluguel.
家賃を払うため、お金を下ろしに銀行へ行きました。

7　スケジュールと日記

Fui à prefeitura para tirar o registro de morador.
市役所へ住民票を取りに行きました。

Fui ao hospital porque estava com dor de cabeça.
頭が痛かったから病院へ行きました。

Fui a uma clínica perto de casa.
近くの診療所へ行きました。

Fui ao Centro de Estabilização de Emprego. É difícil procurar um emprego.
ハローワークへ行きました。仕事を探すのは難しいです。

Hoje fui a Shibuya para fazer compras. Amanhã quero ir até Shinsaibashi.
今日、渋谷へ買い物に行きました。明日は心斎橋まで行きたいです。

Hiroko foi ao Brasil via Estados Unidos.
ヒロコはアメリカ経由でブラジルへ行きました。

Fui até Nagoya para ver o show da Marisa Monte no sábado.
土曜日、名古屋までマリザ・モンチのライブを見に行きました。

Eu quero ir à faculdade para falar com meu professor orientador.
指導教官と話すために大学に行きたいです。

Meu sobrinho perguntou por que ele precisa ir para a escola. E eu sei?
甥がなぜ学校に行かなければいけないのか、と聞いてきました。私にわかるわけないでしょう？

NOTA

さまざまな場所

(a) butique　ブティック	(a) farmácia　薬局	(a) sapataria　靴屋
(a) papelaria　文房具店	(a) livraria　本屋	(a) padaria　パン屋
(o) cinema　映画館	(o) banco　銀行	(o) correio　郵便局
(a) escola　学校	(o) hospital　病院	
(o) supermercado　スーパー		(a) igreja　教会
(a) praia　ビーチ	(a) loja de departamentos　デパート	
(a) loja de eletrodomésticos　家電製品店	(a) loja de móveis　家具屋	

●旅行

> 15 de janeiro de 20XX
>
> As aulas começaram.
> A Kimiko **viajou para** a Coreia nas férias.
> Ela **voltou de** Seoul ontem.
> Que inveja!

> 20XX年1月15日
>
> 授業が始まった。
> キミコは休みの間に韓国へ旅行した。
> 彼女は昨日ソウルから帰ってきたの。
> 羨ましい！

NOTA

「旅行」に関連した動詞＋前置詞のセット

viajar para...　〜へ旅行する
    Viajamos para o Brasil.
        ブラジルへ旅行しました。

voltar de...　〜から帰る・戻る
    Voltei do Brasil.
        ブラジルから帰ってきました。

vir de ...　〜から来る
    Eu vim do Brasil.
        私はブラジルから来ました。

▶ ＜旅行＞に関係する表現

Meu marido voltou de Portugal super cansado. Uma viagem longa é muito cansativa.
夫はとても疲れてポルトガルから帰ってきました。長時間の旅はとても疲れます。

Quero viajar para Saipan nas férias de verão.
夏休みにサイパンに行きたいです。

Meu amigo viajou para o Brasil. Fiquei feliz por ele porque há muito tempo ele dizia que queria ir.
友達がブラジルへ旅行しました。彼はずっと行きたいと言っていたので、よかったと思います。

Voltei do Havaí ontem. Mesmo sem falar nada de inglês, não senti nenhuma falta.
昨日、ハワイから帰ってきました。英語がまったく話せないにもかかわらず、全然問題はありませんでした。

Quando será que ele voltou? Ele não me avisou.
彼はいつ帰ってきたのでしょうか。私に連絡もくれませんでした。

O professor veio do Brasil.
先生はブラジルから来ました。

Quero viajar para algum lugar nas férias!
休みはどこかへ旅行したい！

Queria viajar com o meu namorado.
彼氏と旅行したかった。

De onde será que aquele rapaz veio? Parece estrangeiro.
あの男性はどこから来たのでしょうか？　外国人のように見えます。

Meu sonho é viajar de navio pelo mundo todo.
私の夢は船で世界中を旅することです。

Já faz duas semanas que meu namorado não vem me ver.
彼氏が会いに来なくなって、もう２週間経ちます。

O que aconteceu com a Rita? Ela não vem às aulas ...
リタはどうしたのでしょうか？　授業に来ませんし…

Volto para a casa dos meus pais nas férias de inverno.
冬休みに実家に帰ります。

● ダイエット

> 3 de março de 20XX
>
> Minhas saias estão apertadas. Meu Deus!
> Preciso emagrecer.
> Quero perder pelo menos meus 5 quilinhos extras.
> Acho que vou entrar numa academia.
> Tem uma academia perto da estação.
> Ou será que vou comprar saias novas?

> 20XX年3月3日
>
> スカートがきつい。なんて事！
> やせなくちゃ。
> せめて余分の5キロを体からなくしたい。
> ジムに入ろうかしら。
> 駅の近くにジムがあるわ。
> それとも新しいスカートを買おうかしら？

NOTA

強い願いの気持ちを表す表現

Preciso + 動詞の原形：私は～しなければならない
Quero + 動詞の原形：私は～したい

Preciso comer menos e me exercitar mais.
食べる量を減らして運動を増やさなければならない。
Quero usar um biquíni novo neste verão
この夏は新しいビキニを着たい。

▶ ＜ダイエット＞に関係する表現

Faço cooper todas as manhãs perto de casa.
毎朝家の近くをジョギングしています。

Faço exercícios em casa todos os dias.
毎日家で体操をしています。

Faço aeróbica na academia.
ジムでエアロビクスをしています。

Estou de regime. Perdi 2kg.
ダイエット中なのです。体重が2キロ減りました。

Ai, ai, lá vai o meu regime.
あ～あ、これでダイエットはおしまいです。

Vou começar o regime amanhã.
明日からダイエットを始めます。

Mayumi já emagreceu 3kg. Como???
マユミはもう3キロもやせました。どうやって？？？

Engordei. Por quê? Nem estou comendo.
太った。なぜ？食べてもいないのに。

Ganhei 2kg.
体重が2キロ増えました。

Subo na balança todos os dias.
毎日体重計に乗っています。

Meu jeans está folgado. Legal!
ジーンズがぶかぶかです。やった！

Não vou comer doces à noite.
夜はお菓子を食べません。

Quero fazer uma lipoaspiração.
脂肪吸引をしたい。

Andei o dia todo e fiquei cansada.
一日中歩き回って疲れました。

●お酒

> 18 de março de 20XX
>
> Nossa, que dor de cabeça.
> Bebi demais ontem.
> Duas garrafas de vinho foram demais pra mim.
> Nunca mais vou beber na minha vida...
> Daqui pra frente só vou tomar água!!!! Ai,ai,ai....

> 20XX年3月18日
>
> まったく、ひどい頭痛。
> 昨日は飲みすぎた。
> ワイン2本は私には多すぎた。
> もう一生飲まない…
> これからは水しか飲まない！！！！　あいたたた…

▶ ＜お酒＞に関係する表現

Bebo só de vez em quando.
たまにしかお酒を飲みません。

Minha namorada bebe muito. Além disso, fica mal quando bebe.
彼女はお酒をたくさん飲みます。そのうえ、酒癖が悪いのです。

Não bebo mais. Antes eu era **alcóolatra**.
私はもうお酒を飲みません。以前、私はアルコール中毒でした。
(*alcóolatra: viciado em álcool　アルコール中毒, workaholic: viciado em trabalho 仕事中毒、働きすぎ)

Tomo uma latinha de cerveja todas as noites.
毎晩缶ビール1本飲みます。

Tomo uma antes de dormir.
よく寝酒を飲みます。

7　スケジュールと日記

Ele começa a chorar quando bebe.
彼は泣き上戸です。

Ele não vive sem beber.
彼は酒びたりになっています。

Meu esposo sempre sai para beber.
夫はよく飲み歩きます。

Devo parar de ingerir álcool.
お酒を控えないといけません。

Bebi demais. Fiquei bêbado.
飲みすぎた。べろべろに酔っ払ってしまいました。

Não deveria ter bebido tanto. Estou de ressaca.
あんなに飲むべきではありませんでした。二日酔いになっています。

Vou beber com os amigos esta noite.
今晩友達と飲みに行きます。

Estou sóbrio.
私はしらふです。

Se for beber, não **dirija**. Se for dirigir, não beba.
飲むなら運転しないでください。運転するなら飲まないでください。
(*dirigir (運転する) のように、-gir, -ger で終わる動詞は、接続法現在の活用の時に語幹の綴り字が-g から-j へと変化します：agir　行動する - aja, fugir　逃げる - fuja, eleger　選挙で選ぶ - eleja, proteger　保護する - proteja)

Eu preciso de alguém para levar o carro para casa porque não posso dirigir sob efeito do álcool.
飲酒運転は禁止なので、家まで車を運転してくれる人が必要です。

Nunca mais vou sair com você para beber.
二度とあなたとは飲みに行きません。

No Japão só se pode beber a partir dos 20 anos de idade.
日本では20歳以上でないと飲んではいけません。

NOTA

飲み物関係の語句

(a) cerveja　ビール
(o) uísque　ウイスキー
(a) champanha　シャンパン
(o) vinho branco　白ワイン
(a) pinga　ピンガ（サトウキビの蒸留酒）
(o) chá　お茶
(o) suco　ジュース
(a) água mineral　ミネラルウォーター
(o) chope　生ビール
(o) uísque com gelo　オンザロック
(o) vinho tinto　赤ワイン
(o) vinho rose　ロゼワイン
(o) café　コーヒー
(o) leite　ミルク
(o) refrigerante　清涼飲料水

●温泉

29 de abril de 20XX

Feriado prolongado!
Vou viajar com minha família para Arima.
As fontes termais de Arima são muito famosas.
Eu adoro os spas.
Dizem que as mulheres ficam mais belas.

20XX年4月29日

長期休暇！
家族と有馬へ行きます。
有馬温泉はとっても有名なのです。
私は温泉が大好き。
女性はもっと美人になれるんですって。

7　スケジュールと日記

▶ ＜お風呂・シャワー・温泉＞に関係する表現

Tomo banho de noite para **relaxar**.
私はリラックスするために、夜お風呂に入ります。（発音は［ヘラシャル］）

De vez em quando tomo banho de chuveiro de manhã.
私はたまに朝シャワーを浴びます。

Minha filha lava o cabelo duas vezes por dia. Eu acho que estraga o cabelo.
娘は1日2回シャンプーをします。髪を傷める気がするんですが。

Tomo banho de chuveiro muitas vezes ao dia no verão.
夏は一日に数回シャワーを浴びます。

Ontem dormi sem tomar banho.
昨日はお風呂に入らずに寝てしまいました。

Como estava cansado, dormi antes de tomar banho.
疲れていたので、お風呂に入る前に寝てしまいました。

Me refresco quando tomo banho.
お風呂に入ると疲れが取れます。

Fui ao banho público com minha amiga.
女友達と銭湯に行きました。

Não gosto de banhos públicos ou termais porque todos estão nus.
銭湯や温泉は皆が裸になるから好きじゃありません。

O banho público da vizinhança fechou. Preciso ir até o bairro vizinho.
家の近くの銭湯が潰れました。隣の町まで行かないといけません。

O Japão é um país com muitas fontes termais. Será que tem em outros países também?
日本は温泉がたくさんある国です。他の国にもあるのでしょうか？

Ouvi dizer que os brasileiros tomam banho de chuveiro duas a três vezes por dia. Será que é verdade?
ブラジル人は毎日2、3回シャワーを浴びるって聞きました。本当でしょうか？

Quero um tempinho para tomar banho com calma, já que o dia a dia é muito corrido.
毎日があわただしいので、ゆっくりお風呂に入る時間が欲しいです。

Gosto muito de usar sal de banho. É relaxante.
バスソルトを使うのがとても好きです。リラックスできます。

NOTA

お風呂関係の語句

- (o) banho de chuveiro　シャワー
- (o) sabonete　石鹸
- (o) xampu　シャンプー
- (o) condicionador　コンディショナー
- (a) emulsão　乳液
- (a) toalha de banho　バスタオル
- (o) banho de banheira　お風呂
- (a) esponja　スポンジ
- (o) rinse　リンス
- (a) loção　化粧水
- (o) creme　クリーム
- (a) toalha de rosto　フェイスタオル

● ラジオ・テレビ

7 de maio de 20XX

Comecei a fazer um curso de português.
Minha meta é passar na prova de proficiência.
Vou praticar em casa **assistindo à TV** a cabo do Brasil.
Vou **ouvir** na **rádio** também o noticiário em português.

20XX 年 5 月 7 日

ポルトガル語教室に通い始めました。
私の目標は検定試験合格です。
ブラジルのケーブルテレビの番組を観て練習します。
ラジオのポルトガル語ニュースも聞こう。

7 スケジュールと日記

NOTA 1

「観る」「聞く」

assistir a ... : 〜を観る
ouvir ... : 〜を聞く

> Fui assistir ao filme "Os 2 filhos de Francisco".
> 「フランシスコの二人の息子」を観に行った。
> Vou assistir ao jogo de futebol.
> サッカーの試合を観る。
> Gosto de ouvir música clássica.
> クラシック音楽を聴くのが好きです。

NOTA 2

名詞の性

ポルトガル語の名詞には男性名詞と女性名詞があり、冠詞・代名詞・数詞や形容詞は名詞の性数に従って変化しますので、名詞の性を間違わないようにしなければいけません。普通、「o」で終わる名詞は男性名詞で「a」で終わる名詞は女性名詞ですが、ここでは、いくつかの例外を紹介します。

「o」で終わる女性名詞

- (a) foto　写真
- (a) moto　バイク
- (a) mão　手
- (a) paixão　情熱
- (a) televisão　テレビ
- (a) conclusão　結論
- (a) diversão　気晴らし
- (a) canção　歌
- (a) educação　教育
- (a) sensação　感覚
- (a) emoção　感情
- (a) ação　アクション
- (a) globalização　グローバリゼーション
- (a) atenção　注意

ão で終わる名詞の多くは女性名詞です

「a」で終わる男性名詞

- (o) grama · (o) miligrama · (o) quilograma　グラム・ミリグラム・キログラム
- (o) telefonema　電話
- (o) colega　同僚
- (o) mapa　地図
- (o) tema　テーマ
- (o) problema　問題
- (o) clima　天候
- (o) programa　番組
- (o) telegrama　電報
- (o) guarda　ガードマン
- (o) cinema　映画
- (o) talismã　お守り
- (o) dia　日
- (o) poema　ポエム
- (o) sofá　ソファー
- (o) samba　サンバ

NOTA 3

同じ綴りで、意味によって男性・女性と性が異なる名詞があります。

(o) rádio　ラジオ　　　　(a) rádio　ラジオ局
　　(* a (emissora de) rádio の略。a emissora de televisão（テレビ局）は略しません)
(o) grama　グラム　　　　(a) grama　芝草
(o) caixa　会計、レジ　　(a) caixa　箱
(o) capital　資本　　　　(a) capital　首都・州都

▶ ＜テレビ・ラジオ・ビデオ＞に関係する表現

Ouço as notícias em português da NHK todos os dias.
毎日NHKのポルトガル語ニュースを聞いています。

Ouço o programa de rádio em português todas as semanas.
毎週ポルトガル語のラジオ番組を聞いています。

Minha mãe sempre muda de canal no comercial. Meu avô apaga o som.　母はコマーシャルの間、すぐチャンネルを変えます。祖父は、音を消します。

Vi na televisão um jogo de beisebol e tive vontade de ir torcer.
テレビで野球の試合を見て応援に行きたくなりました。

Minha família adora programas de charadas. Eu não perco a novela da tarde.　うちの家族はクイズ番組が好きです。私は昼ドラを必ず見ます。

Queria ver um programa mas dormi antes.
ある番組を見たかったのに、見る前に寝てしまいました。

Assisti a um vídeo com minha irmã ontem à noite.
昨夜妹とビデオを見ました。

Preciso ver o DVD emprestado de um amigo.
友達から借りていたDVDを見ないといけません。

Peguei emprestado alguns DVDs. Preciso devolver ...
DVDを数枚借りた。早く返さないといけません…

Vou gravar um bom programa hoje à noite.
今晩は良い番組があるから録画しよう。

Fiquei assistindo à televisão o dia todo.
一日中テレビを見ていました。

Não pude assistir ao meu programa favorito ontem.
昨晩好きな番組が見られませんでした。

Minha esposa só assiste às novelas chinesas.
妻は中国ドラマばかり見ています。

Fiquei surpreso porque um amigo saiu na televisão.
友達がテレビに出ていてびっくりしました。

Minha mãe só deixa eu assistir à TV depois de terminar a lição de casa.　お母さんは宿題が終わるまでテレビを見せてくれません。

●家事全般

14 de maio de 20XX

O que eu preciso fazer amanhã:
- jogar o lixo
- devolver o DVD na locadora
- alugar o filme "Cidade dos Homens"
- lavar o carro e passar cera
- comprar mudas de flores

20XX年5月14日
明日しなければいけないこと：
・ゴミを捨てること
・レンタルビデオ店でDVD返却
・「シティ・オブ・メン」をレンタル
・車を洗ってワックスをかける
・花の苗を買う

▶ ＜家事全般・後片付け・庭の手入れ＞に関係する表現

Chegou uma encomenda dos meus pais.
両親から宅配便が届きました。

Deixei meu quarto com visual novo.
部屋の模様替えをしました。

Troquei a lâmpada e consertei a porta.
電球を取り替えて、ドアを修理しました。

Fiz a casinha do cachorro. Pintei de verde e amarelo.
犬小屋を作りました。黄色と緑色に塗りました。

Terça e sexta são dias de lixo queimável. É muito rigorosa a seleção de lixo nesta região.
火曜日と金曜日は燃えるゴミの日です。この地域はゴミの分別がとても厳しい。

Queimei a panela! Mas não encontrei o sapólio em pó.
鍋が真っ黒！でもクレンザーが見つかりませんでした。

Hoje meu filho me ajudou a lavar as louças.
今日は息子が皿洗いを手伝ってくれました。

Meu esposo lavou, eu sequei e meu filho colocou no guarda-louça.
夫が皿を洗い、私が拭き、息子が棚にしまいました。

Preciso passar o ferro e lavar louças. Sou sempre eu que limpo a mesa depois das refeições.
アイロンがけをして、食器を洗わないといけません。いつも私が食後の後片付けです。

Tinha muita coisa para lavar.
洗いものがたくさんありました。

Quebrei minha caneca preferida.
お気に入りのマグカップを割ってしまいました。

Por que eu tenho que lavar as louças todos os dias? Podia me ajudar de vez em quando, não? Eu não sou uma máquina de lavar louças.
なぜ私が毎日皿洗いをするの？　たまに手伝ってくれてもいいでしょう？　私は食器洗い機じゃないのよ。

Capinei o jardim. Vou plantar flores amanhã.
庭の草取りをしました。明日は花を植えよう。

Dou água para as flores e plantas de manhã e de tarde.
朝と夕、花と植木に水をやります。

Aparei a grama e fiz jardinagem.
草を刈って、庭の手入れをしました。

Amanhã é o dia do jardineiro.
明日は庭師さんが来る日です。

Plantei sementes de ervas.
ハーブの種をまきました。

Nasceu brotos de bons-dias. Converso com minhas plantas todos os dias.　朝顔の芽が出始めました。毎日植木に話しかけています。

As flores de cerejeira começaram a desabrochar.
桜のつぼみが出始めました。

Os lírios do jardim floresceram e estão muito bonitos.
庭のユリがきれいに咲いています。

É divertido ver o crescimento das plantas.
植物の成長を見るのは楽しいです。

● パソコン

22 de maio de 20XX

Ainda não tenho um computador. De todos os meus amigos que tenho, acho que sou a única que ainda não tem um.
Quero comprar uma notebook!!
O computador é um artigo de primeira necessidade agora. Quero fazer compras pela internet, quero fazer amigos virtuais pelo mundo...

20XX年5月22日

いまだにパソコンを持っていない。私の友達のなかで、パソコンを持っていないのは私一人だけだと思う。ノート型パソコンを買いたい！！今の時代、パソコンは必需品です。インターネットショッピングをしたいし、世界中にネット友達を作りたいし…

NOTA

動詞 fazer を使ったさまざまな表現

「作る」「する」という意味以外にさまざまな表現がありますので、いくつか紹介します。

fazer	... anos	～歳になる
	um favor	お願いをする、聞き入れる
	cerimônia	遠慮する
	arte	いたずらをする
	de conta que ...	～のふりをする
	a unha	マニキュア・ペディキュアをする
	a barba	ひげをそる
	faxina	掃除をする
	a mala	荷造りをする

▶ ＜パソコン＞に関係する表現

Mais e mais pessoas estão usando o computador. O computador é algo imprescindível.
パソコンを使う人が益々増えています。パソコンはなくてはならないものです。

Todos os amigos da faculdade têm computador.
大学の友達は皆パソコンを持っています。

O notebook do Riki é bacana.
リキのノート型パソコンはカッコいい。

Talvez seria bom frequentar um curso de computação.
パソコンスクールに通ったほうがいいと思います。

Queria trabalhar em casa usando computador.
パソコンを使った在宅の仕事がしたいです。

Meu computador sempre tem problemas.
よくコンピュータの調子が悪くなります。

O computador congela de repente.
突然パソコンがフリーズしてしまいます。

O computador está estranho ultimamente.
最近パソコンの調子が変です。

Checo os e-mails sempre à noite. Chegaram 25 mensagens hoje.
いつも夜、メールをチェックしています。今日は25通メールが届いていました。

O e-mail é rápido e prático. Sem ele parece que estou por fora do mundo.
メールは早くて便利です。メールがないと周りから取り残された感じがします。

Pode ser que o computador esteja com vírus.
パソコンがウイルスにかかったかも知れません。

Está cheio de e-mails indesejados. Acho melhor mudar de endereço.
迷惑メールがいっぱいです。アドレス変えたほうがいいかも知れません。

O e-mail que enviei para a Mari retornou.
昨日マリに出したメールが戻ってきました。

Construí pela primeira vez uma homepage.
初めてホームページを開設しました。

Começo a navegar na internet e o tempo passa voando.
インターネットをしていると時間がすぐに過ぎてしまいます。

NOTA

パソコン関係の語句

- (o) computador　パソコン
- (o) teclado　キーボード
- (o) mouse　マウス
- (o) laptop / (o) notebook　ノートパソコン
- (o) monitor　モニター
- (a) tela　スクリーン
- (o) site de encontros　出会い系サイト
- (a) impressora　プリンター
- (a) internet　インターネット
- (o) e-mail　メール、メールアドレス
- (a) senha　パスワード
- (a) homepage　ホームページ

● 買い物

> 4 de junho de 20XX
>
> Vamos à praia no verão.
> Fui comprar uma roupa de banho hoje.
> A minha já estava fora de moda.
> Não era tão cara e caiu muito bem em mim.

> 20XX年6月4日
>
> 夏に海に行くの。
> 今日水着を買いに行った。
> 私のはもう時代遅れだったから。
> そんなに高くはなかったし、私によく似合っていた。

▶ ＜買い物＞に関係する表現（洋服、服やアクセサリーの感想・印象）

Era um pouco grande.
少し大きかった。

Era muito grande.
大きすぎた。

Era um pouco folgado.
すこしゆるかった。

Era muito pequeno.
小さすぎた。

Era muito apertado.
きつすぎた。

O tamanho era perfeito.
サイズがぴったりだった。

Era chique.
シックだった。

Tinha classe.
品があった。

Era brega.
派手だった。

Era simples.
地味だった。

Estava em promoção.
セールだった。

O preço estava razoável. Eu queria comprar, mas não caiu bem em mim e desisti.
値段は妥当でした。買いたかったけれど、似合わなかったので、諦めました。

Custava os olhos da cara.
目玉が飛び出るほどの値段でした。

Não gostei da cor. Não gostei do padrão também.
色が気に入りませんでした。柄も気に入りませんでした。

Ficou muito bem em mim.
私によく似合っていました。

NOTA

ファッション関係の語句

- (a) roupa　服
- (a) camiseta　Tシャツ
- (o) sapato　靴
- (o) vestido　ワンピース
- (o) smoking　タキシード
- (a) camisa social　ワイシャツ
- (a) sandália　サンダル
- (o) algodão　綿
- (o) linho　麻
- (a) pluma　ダウン
- (a) pulseira　ブレスレット
- (o) colar　ネックレス
- (o) blazer　ブレザー
- (a) calça jeans　ジーンズ
- (a) saia　スカート
- (o) terno　スーツ
- (o) suéter　セーター
- (a) calça　ズボン
- (o) sapato de salto alto　ハイヒール
- (a) seda　シルク
- (o) couro　皮革
- (o) anel　指輪
- (o) brinco　イヤリング
- (a) bolsa　バッグ

● 外見

> 12 de junho de 20XX
>
> Saí com o Sérgio. Fomos ao restaurante brasileiro em Kobe.
> Ele é bonito e alto. Tem 190cm de altura.
> E mais, tem olhos azuis da cor do céu.
> Meu tipo!

> 20XX年6月12日
>
> セルジオとデートした。神戸のブラジルレストランに行った。
> 彼はハンサムで背が高い。身長が190センチもある。
> それに、空色のような青い眼をしているの。
> 私の好みのタイプ！

▶ ＜外見＞に関係する表現

Tenho 170cm de altura. Acho que sou alta em comparação a outras japonesas.
私は身長が170センチです。日本人女性にしては背が高いと思います。

Não é tão alto assim mas é robusto.
それほど背は高くないが、たくましいです。

É baixo e rechonchudo.
背が低くて太り気味です。

É pequeno e magro.
小柄で痩せています。

É saudável e atraente.
健康的で魅力的です。

Está em forma. Tem um belo físico.
いい体をしています。プロポーションが良い。

Tem um corpo atlético.
スポーツマン体形です。

É linda.
とても美しい。（女性のみに使用）

É gracioso. / É bonitinho.
可愛いです。

É charmoso. / É encantador.
チャーミングです。

Tem um sorriso encantador.
笑顔が素敵です。

Está sempre sorridente.
いつもニコニコしています。

É o meu sonho em carne e osso.
理想そのものです。

Tem classe e é refinado.
上品で洗練されています。

É elegante.
品があります。

É educado e tem boas maneiras.
礼儀正しいし、行儀がいいです。

NOTA

色

cabelos 髪
　pretos 黒　　castanhos 茶色　　ruivos 赤毛　　loiros 金髪

olhos 目
　pretos 黒　　castanhos 茶色　　azuis 青　　verdes 緑

Eu tenho cabelos pretos e olhos castanhos.
私は黒髪で茶色の目をしています。

● 恋愛

> 14 de junho de 20XX
>
> Ah, **estou apaixonada** pelo Sérgio.
> Ele é o homem dos meus sonhos.
> Será que eu sou a mulher dos sonhos dele?
> Ele disse que gosta de mim. Uau!!

> 20XX年6月14日
>
> ああ、セルジオに恋しています。
> 彼は私の理想の男性。
> 私は彼の理想の女性かしら?
> 彼は私が好きだと言ったわ。やった!!

NOTA

「恋愛」に使える動詞

  estar apaixonado por ...　～に恋している
  gostar de ...　～を好きである
  adorar ...　～を崇拝する、～が大好き
  amar ...　～を愛する

 Estou apaixonado por você.
 あなたに恋しています。
 Eu gosto de você.
 あなたが好きです。
 Eu adoro você.
 あなたが大好きです。
 Eu amo você.
 あなたを愛しています。

▶ <恋愛>に関係する表現

Eu adoro o meu namorado.
私は彼氏が大好きです。

Eu realmente gosto muito dela.
彼女が本当に好きなんです。

Será que ele vai gostar de mim?
彼は私のことを好きになってくれるでしょうか？

Ele é o meu tipo.
彼は私のタイプです。

Estou ansiosa para encontrar com ele.
彼と会うのが楽しみです。

Estou apaixonada por ele.
彼に夢中です。

Ele é muito prestativo.
彼はとても優しいです。

Ele é ciumento.
彼はやきもち焼きです。

Tem muita mulher atrás do Tomotaka.
トモタカはとてもモテます。

Eu estou apaixonado por ela.
僕は彼女に恋しています。

Fiquei apaixonado por ela à primeira vista.
彼女に一目ぼれしました。

Faço tudo por você.
あなたのためなら何でもします。

Ele me faz feliz.
彼は私を幸せな気持ちにさせてくれます。

Estou morrendo de amores pelo Pedro.
ペドロに恋い焦がれています。

●うまくいかない恋愛

20 de julho de 20XX

Briguei com o meu namorado.
Ou devo escrever **briguei com** meu ex-namorado?
Ele ficou bravo só porque eu saí com o amigo dele sem avisar.
Acho que vou **terminar com** ele. Assim não dá.

20XX年7月20日

彼氏とけんかしました。
それとも、元彼とけんかしました、と書くべきかしら？
彼に知らせずに、彼のお友達と出かけたから怒ったの。
私たち、終わりかもしれない。これじゃ続かない。

NOTA

brigar com ...　～とけんかする
terminar com ...　～と終わりにする
separar-se de ...　～と別れる

Eu brigo muito com o José. Somos como gato e cachorro.
いつもジョゼとケンカする。犬と猫みたい。

Penso seriamente em terminar com ele.
本気で彼と終わりにすることを考えている。
(*seriamente ＝ a sério　-mente は形容詞から副詞を作る接尾辞：feliz　幸福な - felizmente　幸運にも, provável　可能性の高い - provavelmente　おそらく, completo　完全な - completamente　完全に)

Não sei se vou conseguir me separar dele...
彼と別れられるかどうか自信がない…

▶ ＜うまくいかない恋愛＞に関係する表現

Ele está tão frio ultimamente.
彼はこの頃すごく冷たい。

Não imagino me separar dela.
彼女と別れるなんて考えられない。

Não estou indo bem com o meu namorado.
彼氏とうまくいっていない。

Terminei com o Mário. Ele me chifrou.
マリオと別れました。彼が浮気をしたのです。

Ele me largou. Partiu meu coração.
彼に捨てられた。とても傷つきました。

Tenho sorte com as mulheres.
僕は女運がいい。

Quero um namorado!!
恋人が欲しい！！

Eu sinto muito pelo Riki.
リキを気の毒に思います。

Ele é uma boa pessoa, mas, não para namorado.
彼はいい人だけど、恋人にはなれません。

Nami é minha amiga, mas, estou gostando do seu namorado ...
ナミは私の親友だけど、その彼氏を好きになったのです…

Tenho um novo namorado.
新しい彼ができました。

Nem quero mais ver a cara dele.
もう彼の顔も見たくないです。

Achava que ele fosse mais carinhoso.
彼はもっとやさしい人だと思っていたのに。

Levei um fora da Kaori. Eu só encontrei por acaso com a minha ex.
カオリにふられました。前の彼女にばったり会っただけなのに。
(*levar um fora　ふられる，dar um fora　ふる)

●婚約・結婚

8 de agosto de 20XX

Vou ter uma cunhada!
Meu irmão vai se casar com a Lúcia.
Ele **pediu a mão** dela em casamento ontem!
Ainda bem que ele não escolheu a Filó.
Eu **prefiro** mil vezes a Lúcia a Filó.
O casamento vai ser no final do ano.
Que bom. Felicidades, **mano**!

20XX年8月8日

義姉ができるわ！
お兄ちゃんがルーシアと結婚するの。
昨日プロポーズしたんだって！
彼がフィローを選ばなくてよかったわ。
フィローよりルーシアの方が千倍もいいわ。
結婚式は年末だって。
よかった。幸せにね、お兄ちゃん！

7 スケジュールと日記

NOTA 1

プロポーズ（結婚や付き合いを申し込む）はポルトガル語でpedir a mãoと表現し、直訳すると、「手を求める」という意味です。

 pedir a mão em casamento 結婚を申し込む
 pedir a mão em namoro 付き合いを申し込む

NOTA 2

比較する表現

 Preferir 名詞：〜のほうがよい
 Preferir 名詞　ou　名詞：〜と〜のどちらを好む
 Preferir 名詞　a　名詞：〜より〜のほうがよい

  Eu prefiro vinho branco.
  白ワインの方がいいです。
  Você prefere viajar sozinho ou em grupo?
  個人とグループ旅行のどちらがいいですか？
  Eu prefiro comida italiana a comida chinesa.
  中華よりイタリアンの方がいいです。

NOTA 3

親しみをこめた家族の呼び名

 pai = papai　パパ   mãe = mamãe　ママ
 avô = vovô　おじいちゃん avó = vovó　おばあちゃん
 irmão = mano, maninho　おにいちゃん、おとうと
 irmã = mana, maninha　おねえちゃん、いもうと

▶ ＜婚約・結婚・離婚＞に関係する表現

 Eu quero pedir a mão dela em casamento.
 彼女にプロポーズしたい。

 Será que o João não vai me pedir em casamento?
 ジョアン、私にプロポーズしてくれないかな？

Hoje à noite vou pedir a mão dela em casamento!
今晩、彼女にプロポーズするぞ！

Noivei com o João. O anel de noivado é um diamante de um quilate.
ジョアンと婚約しました。婚約指輪は1カラットのダイヤ！！

Parece que a Maria e o Júlio vão se casar em breve.
マリアとジュリオはもうすぐ結婚だそうです。

Quero me casar na igreja, com véu e grinalda.
教会で、ウエディングベールとブーケで結婚したいです。

Eu nem sabia que eles estavam namorando. E já vão se casar!
彼らが付き合っていることも知らなかったのに、もう結婚するだなんて！

Vou me casar em breve. Meu noivo é brasileiro.
もうすぐ結婚します。婚約者はブラジル人です。

Eu quero convidar todos os meus amigos para o casamento.
結婚式には友達全員を招待したい。

Fiquei realmente surpresa com o casamento dos dois.
あの二人の結婚には本当に驚きました。

A Maria casou-se com o Júlio.
マリアはジュリオと結婚しました。

Maria e o Júlio estão tendo problemas. Parece que vão se separar.
マリアとジュリオは問題を抱えているようです。別れるみたい。

Me divorciei no mês passado. Não consegui a guarda da criança.
先月離婚しました。子供の養育権を取られました。

Estamos brigando muito. Este casamento está em crise.
よくけんかをします。私たちの結婚は危機的状況です。

Nunca mais vou me casar.
結婚なんて二度としません。

● 食べる

> 10 de dezembro de 20XX
>
> O casamento do meu irmão com a Lúcia foi lindo.
> A festa de casamento foi num restaurante
> francês chiquérrimo.
> A comida francesa também estava ótima.
> Mas acho que **comi** demais. Estou com azia.

> 20XX年12月10日
>
> 兄とルーシアの結婚式は素敵だった。
> 披露宴は超シックなフランス料理のレストランでした。
> フランス料理も最高。
> でも食べすぎたみたい。気分が悪い。

NOTA

「comer 食べる」動詞

　　comer　…　～を食べる
　　tomar o café da manhã　朝食を取る
　　almoçar　昼食を取る
　　tomar o café da tarde　おやつを食べる
　　jantar　夕食を取る

▶ ＜食べる＞に関係する表現

Minha mãe come muito. Eu não como muito.
母はよく食べます。私はあまり食べません。

Ela **come como um passarinho**.
彼女は少食です。（*comer como um passarinho 小鳥のようについばむ＝少食）

Eu como pouco.
私は少食です。

Eu demoro para comer.
私は食べるのが遅いです。

Meu namorado come rápido. E é um comilão.
彼氏は食べるのが速いです。それに大食いです。

Costumo tomar o café da manhã às 7h.
たいてい7時ごろに朝ごはんを食べます。

Tomo café da manhã todos os dias sem falta.
毎日朝ごはんを必ず食べます。

Não sinto muita fome de manhã. Um gole de café já basta para o café da manhã.　朝はあまり食欲がありません。朝はコーヒー一杯で充分です。

Comi pão, iogurte e frutas hoje de manhã.
今朝はパンとヨーグルトとフルーツを食べました。

Não almocei hoje.
今日はお昼ごはんを食べませんでした。

Não tive tempo para almoçar hoje.
今日はお昼ごはんを食べる暇がありませんでした。

Tomei café tarde hoje.
今日は遅い朝食を食べました。

Comi as sobras do jantar de ontem no café da manhã.
今朝は夜ごはんの残り物を食べました。

Como comida congelada no jantar.
夕食はレンジで暖めるだけのものを食べます。

Tento comer mais de 30 itens diferentes por dia para manter a saúde.　健康のため30品目食べるようにしています。

7 スケジュールと日記

NOTA

多国籍レストラン

(o) restaurante ...　～のレストラン

    japonês / de comida japonesa　　和食
    brasileiro / de comida brasileira　　ブラジル料理
    indiano / de comida indiana　　インド料理
    português / de comida portuguesa　　ポルトガル料理
    italiano / de comida italiana　　イタリア料理
    francês/ de comida francesa　　フランス料理

形容詞が名詞を修飾する場合、性を一致させます。
restaurante（レストラン）は男性名詞なので、形容詞（この場合は国の形容詞）も男性形になり、comida（料理）は女性名詞なので、形容詞も女性形になります。

● 事故・悲劇

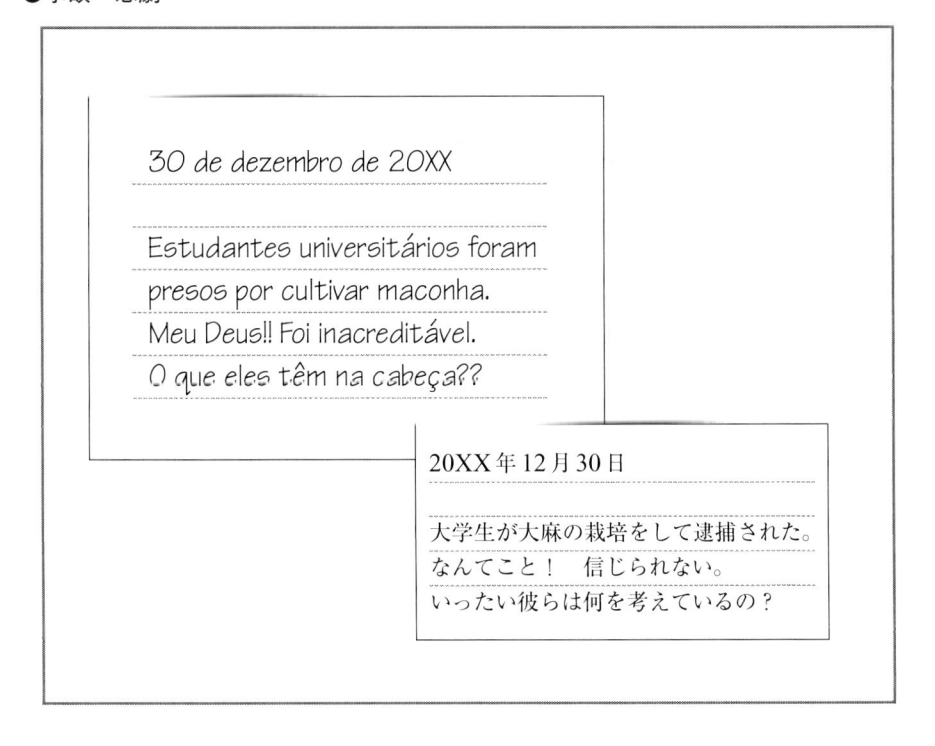

---

30 de dezembro de 20XX

Estudantes universitários foram presos por cultivar maconha.
Meu Deus!! Foi inacreditável.
O que eles têm na cabeça??

20XX年12月30日

大学生が大麻の栽培をして逮捕された。
なんてこと！　信じられない。
いったい彼らは何を考えているの？

▶ ＜事故・惨事・悲劇＞に関係する表現

Foi uma tragédia de primeira página.
一面に載る大惨事でした。

Foi uma atrocidade. Fiquei muito triste.
とても残酷でした。とても悲しかったです。

Foi um horror. Parecia um pesadelo.
ひどかった。悪夢のようでした。

Foi cruel e fiquei horrorizado.
冷酷でぞっとしました。

Foi trágico. Fiquei muito assustado e chocado.
悲惨だった。非常に驚いてショックを受けました。

Foi brutal e fiquei apavorada. Me parte o coração ao pensar na família.
残忍で怖かった。ご家族をかわいそうだと思います。

Estava tudo uma bagunça. Sinto muito pela família.
ゴタゴタして大変でした。家族のことを思うと心が痛みます。

Foi uma notícia muito chocante.
ショッキングなニュースでした。

Foi uma notícia de abrir os olhos.
はっとするようなニュースでした。

O criminoso deve ser punido pela lei. O que será que a polícia está fazendo?
犯人は法の裁きを受けるべきです。警察は何をしているのでしょうか。

Fiquei com os cabelos de pé.
身の毛がよだった。

Fiquei com raiva.
腹立たしかった。

Não pude acreditar no que estava escutando. Fiquei furioso.
自分の耳を疑った。無性に腹立たしかったです。

Não pude acreditar nos meus olhos.
自分の目を疑いました。

Não consegui fitar os olhos.
見るに見かねました。

Ainda não consigo acreditar no ocorrido.
いまだにその事実が信じられません。

Isto jamais poderá se repetir.
こんなことは二度とおきてはなりません。

É imperdoável.
それは許されるべきではありません。

Parecia coisa de cinema, irreal.
映画みたいで現実とは思えなかったです。

Não devemos cometer o mesmo erro duas vezes.
二度と同じ過ちを犯してはなりません。

Gostaria de expressar as minhas profundas condolências às vítimas.
被害者に心から哀悼の意を表したいと思います。

第Ⅲ部
付　録

1 ことわざ

文章をより豊かにするために、ことわざやイディオムを紹介します。引用文ですので、文中ではイタリックにするか、引用符でくくります。

A mentira tem pernas curtas.
直訳▶嘘は短足である。
意味▶嘘は一時

A galinha do vizinho é mais gorda.
直訳▶隣人の鶏の方が太っている。
意味▶隣の芝生は青い

Água mole em pedra dura, tanto bate até que fura.
直訳▶柔らかな水も硬い石に何度も当たれば、穴をあける。
意味▶雨だれ、石をもうがつ

Águas passadas não movem o moinho.
直訳▶流れた水は水車を動かさない。
意味▶すんだことは水に流せ

Agradar a gregos e troianos.
直訳▶ギリシア人とトロイ人を喜ばせる。
意味▶二枚舌

Amigo no desespero, amigo verdadeiro.
直訳▶絶望の時の友は真の友。
意味▶まさかの時の友こそ真の友

Amanhã é um novo dia.
直訳▶明日は新しい日である。
意味▶明日は明日の風が吹く

付録 ● 1 ことわざ

Antes pouco do que nada.
直訳▶ 何もないよりは少しの方がまし。
意味▶ ないよりまし

As aparências enganam.
直訳▶ 外見はだます。
意味▶ 人は見かけによらず

As paredes têm ouvidos.
直訳▶ 壁には耳がある。
意味▶ 壁に耳あり障子に目あり

Até os sábios se enganam.
直訳▶ 賢人さえも誤る。
意味▶ 弘法も筆の誤り

A união faz a força.
直訳▶ 団結は力を作る。
意味▶ 三人寄れば文殊の知恵

Ausência de notícia é boa notícia.
直訳▶ 音信がないのは吉報だ。
意味▶ 便りがないのはいい便り

Cada um com seu nariz.
直訳▶ それぞれ自分の鼻を持つ。
意味▶ 十人十色

De grão em grão a galinha enche o papo.
直訳▶ 一粒ずつ食べて、鶏は胃袋をいっぱいにする。
意味▶ ちりも積もれば山となる

Dois pássaros com uma só cajadada.
直訳▶ 一撃で2羽の鳥。
意味▶ 一石二鳥

Em boca fechada não entra mosca.
　　直訳▶閉じた口に蠅は入らない。
　　意味▶口は災いの元

É melhor um pássaro na mão do que dois voando.
　　直訳▶飛んでいる2羽の鳥よりも、手中の1羽の鳥の方がよい。
　　意味▶明日の百より今日の五十

Em Roma, faça como os romanos.
　　直訳▶ローマではローマ人のようにふるまえ。
　　意味▶郷に入っては郷に従え

É ver para crer.
　　直訳▶見て信じる。
　　意味▶百聞は一見にしかず

Fácil de entrar, fácil de sair.
　　直訳▶簡単に入り、簡単に出る。
　　意味▶悪銭身につかず

Fácil falar, difícil fazer.
　　直訳▶言うのはやさしく、行うのは難しい。
　　意味▶言うは易く行うは難し

Farinha do mesmo saco.
　　直訳▶同じ袋の粉。
　　意味▶類は友を呼ぶ

Gosto não se discute.
　　直訳▶好みは議論にならない。
　　意味▶蓼食う虫も好き好き

Mais vale a prática do que a gramática.
　　直訳▶練習は文法に勝る。
　　意味▶習うより慣れろ

付録 ● 1　ことわざ

Mineirinho come quieto.
　直訳▶ミナスの人は静かに食べる。
　意味▶能ある鷹は爪を隠す

Não adianta chorar pelo leite derramado.
　直訳▶こぼれたミルクを嘆いても仕方がない。
　意味▶覆水盆に返らず

Ninguém nasce sabendo.
　直訳▶誰も知恵を持って生まれない。
　意味▶生まれながらの長老なし

O amor é cego.
　直訳▶愛は盲目。
　意味▶恋は盲目

O medo é maior que o perigo.
　直訳▶危険よりも恐怖が勝る。
　意味▶案ずるより産むがやすし

O que olhos não veem o coração não sente.
　直訳▶目が見えないものは、心は感じない。
　意味▶知らぬが仏

O silêncio vale ouro.
　直訳▶沈黙は金に値する。
　意味▶沈黙は金

Promessa é dívida.
　直訳▶約束は借金である。
　意味▶約束は約束

Quando o dinheiro sai pela porta, o amor pula da janela.
　直訳▶お金がドアから出る時、愛は窓から飛び降りる。
　意味▶金の切れ目が縁の切れ目

Quando o gato sai, o rato faz a festa.
- 直訳▶ 猫が出かけると、鼠はパーティーをする。
- 意味▶ 鬼のいぬ間に洗濯

Quem faz paga.
- 直訳▶ 行う人は支払いをする。
- 意味▶ 自業自得

Quem não arrisca não petisca.
- 直訳▶ 危険を冒さない者は、食事にありつけない。
- 意味▶ 虎穴に入らずんば虎児を得ず

Querer é poder.
- 直訳▶ 願うことはできること。
- 意味▶ 願うことは叶う

Sair da frigideira e cair na fogueira.
- 直訳▶ フライパンを出て火の中に落ちる。
- 意味▶ 一難去ってまた一難

Tempo é dinheiro.
- 直訳▶ 時は金である。
- 意味▶ 時は金なり

2 イディオム

abrir mão de　やめる、諦める、断念する

Você vai **abrir mão da** viagem? Por quê?
あなたは旅行をあきらめるのですか？　なぜですか？

abrir o jogo　真実を打ち明ける

O que você está pensando? **Abre o jogo**!
何を考えているのですか？　本当のことを話してください！

abrir o coração　打ち明ける、正直になる

Estou esperando você **abrir o coração** pra mim.
あなたが私に正直になるのを待っています。

abrir os olhos　意識する、目を向ける

Finalmente **abri os olhos** para o que está acontecendo em volta.
やっと周りで起きていることに目を向けるようになりました。

não adiantar nada　意味がない

Não adiantou nada todo o trabalho que tive.
私の労働はすべて無意味でした。

bater um papo　おしゃべりをする

Vamos sair hoje para **bater um papo**.
今日、おしゃべりをするために、出かけましょう。

cair do céu　贈り物、思いがけない幸運

A minha filha **caiu do céu**. Ela realmente é maravilhosa.
娘は神様からの贈り物です。とてもよく出来た子なのですよ。

cair aos pedaços　崩壊する、崩れる

Vou reformar a minha casa. Está **caindo aos pedaços**.
家をリフォームします。ボロボロなんです。

---

cair na estrada　旅に出る

Vou **cair na estrada**. Enviarei cartões postais.
旅立ちます。絵はがきを送ります。

---

começar com o pé direito　順調に始める

Espero que você **comece com o pé direito** este ano novo.
あなたにとって、この新しい年が順調に始まりますように。

---

cruzar os dedos　成功を祈る、祈願する

Cruze os dedos por mim!
私のために祈ってください！

---

curtir de montão　たっぷり楽しむ

É um ambiente ótimo! Estou **curtindo de montão**.
この環境は最高です！　たっぷり楽しんでいます。

---

dar dor de cabeça　問題を起こす

A compra de produtos importados pode **dar dor de cabeça**. Tome cuidado.
輸入製品の購入は問題を起こす可能性があります。気を付けてください。

---

dar em cima　ちょっかいを出す、求愛する

Ouvi dizer que o Lucas está **dando em cima** de você. Verdade?
ルーカスがあなたにちょっかい出していると聞きました。本当ですか？

---

dar um bolo　約束したが現れない、約束を破る

Você me **deu um bolo**! Por que não me ligou ou mandou um mail?
ひどい待ちぼうけを食わされました！　どうして電話をかけるかメールをくれなかったので

すか？

dar um pulo　訪問する

Dê um pulo na minha casa qualquer dia.
いつでもいいので、うちに寄ってください。

dar um tempo　一時中断する、時間を置く

Ele quer **dar um tempo** na nossa relação.
彼は私達のつきあいを一時期やめたいと思っているみたいです。

dar um toque　知らせる、アドバイスをする

Se você for à festa, me **dê um toque**.
パーティーに行くなら、私に知らせてください。

dar uma força　助ける、～を励ます

Você sempre me **deu uma força** quando eu precisava. Muito obrigada!
あなたはいつも必要な時に私を励ましてくれました。本当にありがとう！

dar uma mãozinha　貢献する、手伝う

Poderia me **dar uma mãozinha** amanhã? Espero resposta.
明日手伝ってくれますか？　返信してください。

encher a barriga　満腹になる、お腹いっぱいに食べる

Ontem eu **enchi a barriga** no rodízio de pizza.
昨日、ピザの食べ放題でお腹いっぱい食べました。

encher o saco　腹が立つ、飽きる

Todo este relatório está me **enchendo o saco**.
この報告書はすべて腹立たしい。

escolher a dedo　吟味して選ぶ

Escolhi a dedo o seu presente. Espero que goste.

あなたのために選んだプレゼントです。お気に召すといいのですが。

esfriar a cabeça　頭を冷やす

Não fique nervosa e **esfrie a cabeça**. Vai dar tudo certo.
イライラしないで、頭を冷やしてください。すべてうまくいきます。

esperar o príncipe encantado　理想的な男性を待つ

Eu estou **esperando o** meu **príncipe encantado**.
私は理想の男性を待ち続けています。

estar de cama　病床に臥している

O Frei **está de cama** há dois meses. Deve ser grave.
フレイは2カ月病床についています。ひどそうです。

não estar nem aí　聞く耳をもたない、興味をもたない、気にしない

Não estou nem aí se o preço da passagem aumenta em fevererio. Eu vou ao Brasil no carnaval.
2月にチケットの値段が高くなってもまったく気にしません。カーニバルにはブラジルに行きます。

fazer as pazes　仲直りをする、関係を修復する、許す

Não quero brigar com você. Vamos **fazer as pazes**.
あなたと喧嘩したくありません。仲直りしましょう。

ficar de boca aberta　非常に驚く、呆然となる

Você soube que a Maria vai se casar de novo com o Pedro? **Fiquei de boca aberta** com a notícia.
マリアがペドロと再婚するって聞きましたか？　本当に驚きました。

jogar dinheiro fora　お金を浪費する、お金を無駄にする

Eu **joguei dinheiro fora** comprando estes cremes.
これらのクリームを買って、お金を無駄にしました。

jogar tudo para o alto　すべてを投げ出す

Tenho vontade de **jogar tudo para o alto** e voltar para o Brasil.
すべてを投げ出してブラジルに帰りたいと思います。

levar ao pé da letra　文字通り受け止める

Não **leve ao pé da letra** tudo o que o chefe diz.
上司が言うことをすべて文字通り受け止めないでください。

levar cantada　求愛される、異性に口説かれる

Você não sabe da última. **Levei uma cantada** do Pedro na festa de ontem. Uau!
最新ニュース、知らないでしょう。昨日のパーティーでペドロに口説かれたのです。ワーオ！

matar saudades　郷愁・懐かしさを癒す

Vamos conversar com calma e **matar saudades**.
懐かしさを癒すためにゆっくりお話しましょう。

parecer dedo-duro　告げ口をする

Olha, não quero **parecer dedo-duro**, mas é melhor você saber do assunto.
あのね、告げ口をしたくはないけれど、その件について知っておいたほうがいいと思います。

perder tempo　時間を無駄にする

Você está **perdendo tempo** com o David. Ele não pensa em se casar.
あなたはダヴィッドと付き合って時間を無駄にしています。彼は結婚することなんて考えていませんよ。

não pregar o olho　眠らない

Estava tão preocupada com a monografia que **não preguei o olho** a noite toda.
卒論のことがとても気にかかっていたので、夜通し眠れませんでした。

pular de alegria　飛び上がるほど喜ぶ

O meu filho **pulou de alegria** quando recebeu o seu presente de Natal.
あなたにクリスマスプレゼントをもらって、息子は飛び上がるほど喜んでいました。

---

pular a cerca　裏切る、浮気する

Eu quero me separar do Sérgio. Ele **pula a cerca** toda vez que olho para o lado.
セルジオと別れたいのです。私がよそ見するたび、彼は浮気するのです。

---

puxar o saco　ゴマをする、こびへつらう

Quem **puxa o saco** do chefe é promovido. Infelizmente não é o meu caso ...
上司にゴマをすれば昇進する。残念ながら私はそのケースには当てはまりませんが…

---

receber de braços abertos　歓迎する

Quando fui ao Brasil fui **recebido de braços abertos**. Fiquei muito comovido.
ブラジルに行った時、歓迎されました。とても感動しました。

---

reclamar de barriga cheia　理由なしに文句を言う

Por que você **reclama de barriga cheia**? Pare de reclamar.
どうしてあなたは理由もなしに文句を言うのですか？　文句はやめてください。

---

sentir-se nas nuvens　とても気分がいい

Sinto-me nas nuvens desde que me noivei. Estou tão feliz!
婚約以来、私はとても気分がいいのです。とても幸せです！

---

sentir um vazio　苦悩する、心が空っぽに感じる

Estou **sentindo um vazio** desde que voltei do Brasil. Estou com muitas saudades.
ブラジルから帰国してから、心が空になったように感じます。とても寂しく感じます。

ser de tirar o fôlego　息をのむほど素晴らしい

Estou na Foz do Iguaçu. A vista daqui **é de tirar o fôlego**.
イグアスの滝にいます。ここの眺めは息をのむほど素晴らしいです。

---

soltar a voz　思い切り歌う

Vamos **soltar a voz** no karaokê amanhã.
明日カラオケで思いっきり歌いましょう。

---

sumir do mapa　消える、消滅する、忘れられる

Que vexame! Quero **sumir do mapa**.
恥かいた！　消えてしまいたい。

---

não ter um tostão　無一文である

Me desculpe. A viagem vai ficar para a próxima. **Não tenho um tostão**.
ごめん。旅行は次の機会になります。今は無一文です。

---

tomar a liberdade de　勝手ながら〜する

Tomei a liberdade de convidar seus pais para jantarem conosco.
勝手ながら、ご両親を夕食に招待しました。

---

virar as costas　拒否する、拒絶する、無視する

Você vai **virar as costas** pra mim? Eu achava que você fosse meu amigo.
私のことを無視するのですか？　あなたはぼくの友達だと思っていたのに。

3 間違いやすい項目

　ここでは、著者の経験に基づき、ポルトガル語学習者が書いた日記や作文でみられた間違い文をいくつか紹介します。
　間違いやすいものが多いので、皆さんも同じような間違いをしていないか参考にしてください。

①

●彼女は賢い。

　　× Ela é interigente.　　　　○ Ela é inteligente.
　　　× amarero　　　　　　　　○ amarelo（黄色）
　　　× terevisão　　　　　　　　○ televisão（テレビ）

「l」と「r」の音の区別をせずに発音することから、または、ヘボン式表記に影響されることから、「la」「li」「lu」「le」「lo」と表記すべきところを「ra」「ri」「ru」「re」「ro」とする、誤った表記がよく見られます。

　その他にも、

●ポルトガル語を学んでいます。

　　× Eu estudo porutuguês.　　　○ Eu estudo português.
　　　× caruta　　　　　　　　　○ carta（手紙）
　　　× sorute　　　　　　　　　○ sorte（運）
　　　× verude　　　　　　　　　○ verde（緑）

本来「r」単独の表記であっても、カタカナ読みだと「ル」になってしまうことから、誤って「ru」と表記されていることもよく見られます。

●大きな家です。

　　× É uma casa gurande.　　　○ É uma casa grande.
　　　× criança　　　　　　　　　○ criança
　　　× pureto　　　　　　　　　○ preto
　　　× buranco　　　　　　　　○ branco

カタカナ読みの影響で、2重子音の「子音＋r」・「子音＋l」は表記を誤りやすいの

で、気をつける必要があります。

②
● ゴルフをした。
　× Jogei golfe.　　　　　　○ Joguei golfe.
● 彼氏とけんかした。
　× Brigei com namorado.　　○ Briguei com namorado.
● 疲れた。
　× Ficei cansada.　　　　　○ Fiquei cansada.
● 着替えた。
　× Trocei de roupa.　　　　○ Troquei de roupa.

①同様、表記の誤りです。規則動詞であっても、完全過去形の活用をする場合、原音を保つために綴り字を若干変えなければならない場合があります。jogar, brigar, ficar, trocarなど-garや-carで終わる動詞は、それぞれ1人称単数の語幹が変わり、-gei が -gueiに、-cei が -queiになります。

これはアルファベットの読みと表記に影響されている間違いです。ポルトガル語ではceは「ケ」ではなくparecer, cercaのように「セ」と発音されますし、geも「ゲ」ではなくeleger・geralのように「ジェ」と発音されるので、注意する必要があります。

③
● 今日は天気がいい。
　× Hoje é tempo bom.　　　○ Hoje está um tempo bom.
　　　　　　　　　　　　　　　Hoje o tempo está bom.

天気は移り変わるものですので、動詞はserではなくestarを使います。文の意味としては、「今日」＝「ある天気がいい日」という形なので、不定冠詞umがつきます。「いい」のは「今日」ではなくて「天気」ですよね。つまり、「天気」＝「いい」という図式になります。ポルトガルでは、Hoje está bom tempo. という表現も使われています。

④

●妹は17歳です。

× Minha irmã é 17 anos.　　　○ Minha irmã tem 17 anos.

動詞ser，estarが日本語の「は」に相当すると覚えてしまうと、日本語文の「〜は〜です」をすべてポルトガル語文に当てはめてしまう間違いをよくみかけます。

年齢の場合、ポルトガル語で使用する動詞はterです。

O meu irmão é dentista. Ele tem 35 anos de idade e tem 10 anos de carreira.

兄は歯科医です。彼は35歳で、キャリアは10年になります。

⑤

●今日はバイトだ。

× Hoje é bico.　　　　　　○ Hoje é dia de bico.
　　　　　　　　　　　　　○ Hoje eu faço bico.

●今日は仕事だ。

× Hoje é trabalho.
○ Hoje é dia de **trabalho**. (*trabalho：名詞)
○ Hoje eu **trabalho**. (*trabalho：動詞trabalharの直説法現在1人称単数)

意味としては、「今日」＝「バイト」、「今日」＝「仕事」ではなく、「今日」＝「バイトの日」、「今日」＝「仕事の日」です。

また、「バイトをする」「仕事をする」という意味にもなりますので、基本文型の「誰(何)が＋どうする」を使います。「私は＋バイトをする」「私は＋仕事をする」という組み立てになります。

⑥

●彼女と遊んだ。

× Brinquei com minha namorada.
○ Saí com minha namorada.

●友達と遊びに行く。

× Vou brincar com meus amigos.

○ Vou sair com meus amigos.

日本語・ポルトガル語の辞書を引くと、確かに「遊ぶ＝brincar」、そして「遊びに行く＝ir brincar」という記述がされています。ですが、ポルトガル語では「遊ぶ＝brincar」は対象が「子ども」や「ペット」に限定されます。日本語文の「友達と遊ぶ」というのは、お互い小学生の場合ですと大丈夫ですが、そうでなければ動詞は、sairを使います。

⑦

●映画を見ます。

　　× Eu assisti o filme.　　　　　○ Eu assisti ao filme.

●テレビを見ました。

　　× Eu assisti televisão.　　　　○ Eu assisti à televisão.

「見る、観る」を意味する動詞assistirは目的語との間に前置詞のaを要求します。昨今、ポルトガル語の会話でも文章でも前置詞なしでassistirを使用することが増えてきており、容認されつつはありますが、正確には前置詞を必要とします。

⑧

●疲れています。

　　× Eu estou com cansada.　　　○ Eu estou cansada.

●とても悲しい。

　　× Eu estou com muito triste.　○ Eu estou muito triste.

動詞estarは一時的な状態を表しますが、補語に形容詞がつく場合、前置詞は必要ありません。補語に名詞がつく場合のみ、「estar+com+名詞」という構文になりますので、注意が必要です。

「estar＋com＋名詞」でよく使われる例文：

Estar com sono.	眠い
Estar com fome.	空腹だ
Estar com sede.	喉が渇いている
Estar com calor.	暑い
Estar com frio.	寒い
Estar com saudades.	寂しい、懐かしい
Estar com ciúmes.	嫉妬する
Estar com raiva.	怒っている
Estar com pressa.	急いでいる
Estar com sorte.	幸運だ
Estar com medo.	怖い
Estar com vergonha.	恥ずかしい
Estar com azar.	不運だ
Estar com vontade de …	〜したい
Estar com dor de …	〜が痛い

⑨

●彼女にキスした。

　× Beijei meu namorada.
　○ Beijei minha namorada.

●彼氏は風邪を引いています。

　× Minha namorado está resfriado.
　○ Meu namorado está resfriado.

●私の女友達はアメリカ人です。

　× Meu amiga é americana.
　○ Minha amiga é americana.

●男友達に電話した。

　× Telefonei para minha amigo.
　○ Telefonei para meu amigo.

●母の誕生日でした。

　× Foi aniversário do meu mãe.
　○ Foi aniversário da minha mãe.

meu，minha（私の）等の所有代名詞は、所有者の人称と数には一致しますが、所有者の性に一致するわけではありません。所有代名詞の性は修飾する名詞と一致するのです。修飾する名詞が男性名詞の場合 meu になり、女性名詞の場合 minha になることを頭に入れておきましょう。

ただ、言語的な男女観から、自分の性を基準とし、男性の場合は meu（俺の）、女性の場合は minha（私の）という思考パターンに陥りがちです。日本語では名詞の性を区別しないので、間違いやすい項目です。気をつけましょう。

⑩
●恋人の両親と会いました。

　× Eu encontrei-se com pais da namorada.
　○ Eu encontrei-me com os pais da namorada.
　○ Eu me encontrei com os pais da namorada.

●疲れました。

　× Eu cansei-se.
　○ Eu cansei-me.
　○ Eu me cansei.

●私は京都に引っ越しました。

　× Eu mudei-se para Kyoto.
　○ Eu mudei-me para Kyoto.
　○ Eu me mudei para Kyoto.

●外出の用意をしました。

　× Preparei-se para sair de casa.
　○ Preparei-me para sair de casa.
　○ Me preparei para sair de casa.

動詞の活用はきちんと行うものの、その動詞の一部である再帰代名詞（目的語の位置に、主語と同じ人や物が現れたときに用いられる目的代名詞のこと）の変化を忘

れると、原形のseのまま残ってしまっています。

再帰代名詞は以下のように、主語の人称と数に一致した形を用います。

主語		再帰代名詞
（私）	Eu	me
（あなた、彼、彼女）	Você/ ele/ ela	se
（私たち）	Nós	nos
（あなた方、彼ら、彼女ら）	Vocês/ eles/ elas	se

代名詞の位置に関しては、通常、ブラジル・ポルトガル語の場合は、動詞の前、ポルトガルのポルトガル語の場合は動詞の後になります。どちらの位置でもかまいません。

⑪

●朝ごはんを食べませんでした。

× Não comi café da manhã.
○ Não tomei o café da manhã.

●大学でお昼を食べました。

× Comi almoço na Universidade.
○ Almocei na Universidade.

●昨日はバイトの後で晩ごはんを食べました。

× Ontem comi jantar depois de bico.
○ Ontem jantei depois do bico.

日本語では「朝ごはん」も「お昼ごはん」も「晩ごはん」も「食べる」ものですので、ポルトガル語でcomerを使いたくなる気持ちは分かります。ですが、ポルトガル語ではそれぞれ「朝食を取る」「昼食を取る」「夕食を取る」に相当する動詞がありますので、注意しましょう。

⑫

●学校へ行きます。／　学校に行きます。

× Eu vou a escola.
○ Eu vou à escola. / Eu vou para a escola.

●カラオケへ行った。／　カラオケに行った。

　× Eu fui karaokê.
　○ Eu fui ao karaokê. / Eu fui para o karaokê.

ir 動詞（行く）には前置詞 a、もしくは para が絶対必要ですので、忘れないようにしましょう。

⑬
●母は犬がとても好きです。

　× Minha mãe muito gosta de cachorro.
　○ Minha mãe gosta muito de cachorro.

●先生はワインが大好きです。

　× A professora muito gosta de vinho.
　○ A professora gosta muito de vinho.

「とても好き」という日本語の語順をそのまま muito gostar というポルトガル語に置き換えてしまっている誤用です。

また、動詞の程度を表す副詞は「動詞＋副詞」という語順になりますが、上記の動詞 gostar（好む）の場合、前置詞 de を必要とし、学習者はまず gostar de とセットで覚えます。そうすると、副詞を動詞と前置詞の間に挟みにくいと感じられるのでしょう。

⑭
●ハンバーガーは３レアルです。

　× O hambúrguer custa 3 real.　　○ O hambúrguer custa 3 reais.

hambúrguer が単数で、動詞の活用も単数なので、通貨も単数になりがちですが、金額に合わせて単数形・複数形をとります。

以下のように通貨にも単数・複数があります。

単数	複数	
dólar	dólares	ドル
iene	ienes	円
euro	euros	ユーロ
real	reais	レアル

⑮

●眼鏡を壊しました。

× Quebrei meu óculos.
○ Quebrei meus óculos.

lápis（えんぴつ）、ônibus（バス）や pires（ソーサー）のように、単語自体にsが付くものもありますが、óculosのsは複数形のsです。ですが、óculosは通常、複数形で使用し、とても間違いやすい単語です。

複数形しか使用しない単語は他にもありますので、注意が必要です。

os afazeres（雑用）	as algemas（手錠）
os arredores（周辺）	as belas-artes（美術）
as bodas（結婚記念日）	as cócegas（くすぐったさ）
as condolências（お悔み）	as costas（背中）
os Estados Unidos da América（アメリカ合衆国：単にEstados Unidosとも）	
as férias（休暇）	as fezes（大便）
as núpcias（結婚式）	as olheiras（目の下のクマ）
os pêsames（お悔み）	os picles（ピクルス）
as reticências（中断符）	

⑯

●花子さんとつきあっています。

× Estou namorando com a Hanako.
○ Estou namorando a Hanako.

「つきあう」はnamorarですので、「誰々とつきあう」の「と」をcomに置き換えた文で、一見正しいようですが、文法上、namorarは直接目的語を必要とする動詞(verbo transitivo direto)ですので、前置詞comを必要としません。

昨今、ポルトガル語の会話でも文章でも「namorar com」が使用されており、容認されているようですが、やはり気をつけたほうがいいでしょう。

参考文献

本書の執筆にあたり、以下を参考にしました。

Andrade, Maria Margarida de. Guia de redação em língua portuguesa. —São Paulo: Jubela Livros Ltda., 2007.（ポルトガル語作文ガイド）

Brasil. Presidência da República. Manual de redação da Presidência da República / Gilmar Ferreira Mendes e Nestor, José Forster Júnior.- 2. ed. rev. e atual. —Brasília : Presidência da República, 2002.（ブラジル共和国大統領の作文マニュアル）

Brasil. Congresso. Câmara dos Deputados.Manual de redação. —Brasília : Câmara dos Deputados, Coordenação de Publicações, 2004.（ブラジル下院作文マニュアル）

Tufano, Douglas. Michaelis Guia prático da nova ortografia Saiba o que mudou na ortografia brasileira. —São Paulo: Melhoramentos, 2008.（新正書法実用ガイド）

Oliveira, Ana Tereza Pinto de. Manual compacto de redação e estilo. —São Paulo: Rideel, 1994.（作文コンパクトマニュアル）

著者紹介

野中モニカ（Mônica Nonaka）

ブラジル・ブラジリア生まれ
1994年、JICA日本語教師研修生として来日（～1995）
1996年、文部省の国費留学生として再来日。大阪大学大学院で日本語表現論を専攻、文学研究科博士前期課程修了
現在、天理大学国際学部准教授

著書

『ポルトガル語の会話エッセンス―定型表現集―』（三修社＜共著＞）
『ブラジル・ポルトガル語スピーキング』（三修社）

手紙・メールのポルトガル語

2010年4月30日　第1刷発行
2019年3月30日　第2刷発行

著　者　野中モニカ
発行者　前田俊秀
発行所　株式会社三修社
　　　　〒150-0001　東京都渋谷区神宮前2-2-22
　　　　TEL 03-3405-4511
　　　　FAX 03-3405-4522
　　　　振替 00190-9-72758
　　　　http://www.sanshusha.co.jp/
　　　　編集担当　菊池　暁

印刷製本　日経印刷株式会社

本文組版　藤原志麻
カバーデザイン　土橋公政
編集協力　柏木彰子

©Mônica Nonaka 2010 Printed in Japan
ISBN978-4-384-05591-7 C1087

JCOPY〈出版者著作権管理機構 委託出版物〉
本書の無断複製は著作権法上での例外を除き禁じられています。複製される場合は、そのつど事前に、出版者著作権管理機構（電話 03-5244-5088 FAX 03-5244-5089 e-mail: info@jcopy.or.jp）の許諾を得てください。